Paradigmen der Narratologie

Wie erzählt ...? Narratologische Paradigmen: Terminologie, Interpretationsbeispiele, Feldforschung

Band 1

recenseo. Texte zu Kunst und Philosophie
Bern

Werner Brück

Paradigmen der Narratologie

2015

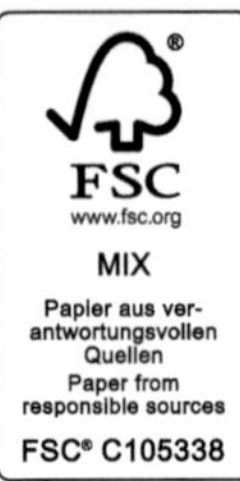

Bibliografische Information der Deutschen Nationalbibliothek

Die Deutsche Nationalbibliothek verzeichnet diese Publikation in der Deutschen
Nationalbibliografie; detaillierte bibliografische Daten sind im Internet
über http://www.dnb.de abrufbar.

© 2015 Werner Brück

Redaktion, Lektorat, $\LaTeX\,2_\varepsilon$: recenseo, Bern
Herstellung und Verlag: BoD – Books on Demand, Norderstedt
ISBN 978-3-73-861070-3

Weitere Informationen über die Reihe »Wie erzählt ...?« finden Sie bei
recenseo. Texte zu Kunst und Philosophie unter http://recenseo.ch/we

Inhalt

Vorbemerkungen

Der Autor veröffentlichte 2014 eine Arbeit zum Sprechen über bildkünstlerische Narrativität bei Nicolas Poussin. In dieser stellte sich heraus, dass Strukturbegriffe aus der Literaturwissenschaft durchaus sinnvolles Sprechen über Erzählweisen in der bildenden Kunst ermöglichen. Weitere Interpretationsbeispiele zu Erzählweisen anderer Künstlerinnen und Künstler organisiert man am besten in einer lockeren Reihe. Dieser sollte, aus Gründen der Pragmatik, ein Überblick über die wichtigsten narratologischen Präsuppositionen, die Ansatzpunkte der Werkanalyse sowie eine wissenschaftstheoretische Begründung der Terminologiebildung beiseite gestellt werden. Dies ist somit das Anliegen des ersten, des vorliegenden Bändchens dieser Publikationsreihe, das natürlich auch Aspekte aus der Arbeit über Poussin zusammenfassend wiedergibt. So kann in der Folge auf wissenschaftstheoretische Aspekte verzichtet und das jeweilige Interpretationsbeispiel schlank und am Werk gehalten werden. Den Interpretationsbeispielen kann eine Auswahl aus dem Werkkontext zugesellt werden. Die Interpretationsbeispiele bestehen aus Einzel- wie auch aus Sammelstudien, an denen sich verschiedene bildkünstlerische Narrationsweisen vergleichen lassen. Allen Interpretationsbeispielen soll jedoch intersubjektive Nachprüfbarkeit gemeinsam sein, weswegen das sinnlich Wahrnehmbare möglichst detailliert reformuliert wird.

Kategorien

Erzählt wird in Bildern, Skulpturen, Architekturen, in Opern, Theaterstücken, Performances und Tänzen, in Dramen, Gedichten und Romanen, in Melodien, Pantominen, sogar in Topographien des Haptischen oder Olfaktorischen. Anfangs sollte daher grundlegend danach gefragt werden, was überhaupt eine Erzählung sein soll: *eine Erzählung ist eine raumzeitstellenbezogene Sachverhaltssaussage in sinnkonstitutiver Formung und damit für uns ausschließlich als eine Situativität erzeugende Art und Weise der Geschehnismitteilung fassbar.*

Ein (sehr schlichtes) Beispiel: »Hänschen klein ging allein in die weite Welt hinein.« »Hänschen« ist eine Person; »klein« charakterisiert diese Person im Kontrast zu »weit«; »ging« setzt den Bezugsrahmen für das Tun als Vergangenheit; »allein« bezeichnet eine figurale Perspektive einer einzigen Person auf die Umstände ihres Tuns, absichtsvoll in Absonderung von anderen Figuren (Mutter); »in die weite Welt hinein« erzeugt eine raumzeitstellenbezogene Veränderung, als Versetzung der Person in einen neuen Kontext, die vom Erzähler von dessen eigenen Raumzeitstelle her mitgeteilt wird. Der Vers weist unterschiedliche Stabreimung auf, »klein«-»allein«-»hinein« sowie »weite«-»Welt«, was seine Bestandteile verschleift und gefällig zu singen macht. Das unterstützt die einfache Melodie, die zum Ende hin abfällt und im Folgevers parallelisiert wird. Diese lyrisch-melodische Kontinuierung erhält nach dem parallelisierenden und die Absicht bekräftigenden zweiten Vers »Stock und Hut steh'n ihm gut, er ist wohlgemut« eine Brechung durch die folgenden Verse: »Doch die Mutter weinet sehr, hat doch nun kein Hänschen mehr.« Hier steigt die Melodie an, es wird auf Stabreime verzichtet. Das singularisiert die Replik des »Doch«. Der Verzicht auf eine raumzeitliche Situierung des mütterlichen Weinens präsentiert dieses absolut: hier geht es um das vergegenwärtigte innerliche Empfinden der Mutter ob ihres Verlustes, umso stärker herausgearbeitet im Kontrast zum auf »Hut« gereimten »wohlgemut« des Protagonisten.

Raumzeitstellenbezogene Sachverhaltsaussagen in sinnkonstitutiver Formung kennen verschiedene personale inner- und außerfiktionale Instanzen, z.B. den Zuhörer oder Leser bzw. Betrachter, die Erzählerfigur, den Protagonisten oder den Antagonisten. Die Raumzeitstellenbezogenheit eines Sachverhaltsaussage kennt die Situierung in lokalen und bzw. oder temporalen Relationen, z.B. in der Relation des Vorher-Nachher oder in der Zuhandenheit oder Übersichtlichkeit behandelbarer Objekte. Erzählerische Raumzeitstellenbezogenheit und die damit verbundene personale Differenzierung schafft Situativität als ein Gesamt an Handlungsmöglichkeiten an einem bestimmten Ort und zu einem bestimmten Zeitpunkt, das Faktizität des Vergangenen bzw. Vorhandenen sowie Potentialität des Zukünftigen bzw. Zuhanden-Erreichbaren beinhaltet. Erzählung, fiktional oder nonfiktional, formuliert damit Vergangenheit und Zukunft oder graduelle Zuhandenheit und Übersichtlichkeit.

Ein Portrait kann erzählen, ebenso eine literarische Beschreibung. Erzählung als raumzeitstellenbezogene Sachverhaltssaussage ist interpretationsabhängig, was in der Sender-Empfänger-Relation der Sachverhaltsmitteilung sowie in der sinnkonstitutiven Formung des Erzähldiskurses zum Ausdruck kommt. Erzählung kommt nicht nur in Darstellungen vor, sondern auch im Abstrakten, z.B. in der raumzeitlichen Situativität der Farbgestaltung (Kandinsky). Die Beschreibung einer Madeleine mit Lindenblütentee birgt erzählerisches Potential (Proust), ebenso die Selbstverstümmelung auf einer Bühne (Abramovic), in der die Protagonistin Fiktionalität verlässt.

Erzählforschung strebt eine systematische Beschreibung von Erzählungen an. Dies kann in einer relativen Nähe zur sinnkonstitutiven Formung erfolgen, wie z.B. in der Betrachtung von »Hänschen klein«. Doch Systematik kann sich natürlich auch auf einem höheren Abstraktionsniveau entwickeln. Im metasprachlichen Diskurs versucht Erzählforschung, raumzeitstellenbezogene Sachverhaltsaussagen auf präsupponierte Gesetzmäßigkeiten zu prüfen, um Erkenntnisse über Entsprechungen oder Abweichungen zu narratologischen Modellbildungen zu finden, die eine Theorie bestätigen oder modifizieren.[1]

Sich an Begleitmedien zu klammern und geistes- oder ideengeschichtliche, (auto-)biografische Erklärungen für das in sinnlicher Hinsicht Offenkundige künstlerischen Gestaltens zu suchen, kann verhängnisvoll sein. Hierzu ein ausführlicheres Zitat Otto Pächts:

---

[1]Vgl. z.B. literaturwissenschaftlich: Lotmann, Jurij M.: Die Struktur literarischer Texte. München, 1972. Kunstwissenschaftlich: Lamblin, Bernard: Peinture et temps. Paris, 1987, sowie: Kemp, Wolfgang: Die Räume der Maler. Zur Bilderzählung seit Giotto. München, 1996.

»Kunstgeschichte [und mit ihr eine Theorie bildkünstlerischer Narrativität; d.V.] könnte im Rahmen einer allgemeineren Geistesgeschichte betrieben werden, als Spezialgebiet einer umfassenderen Semantik oder Symbolforschung, es kann dann aber keine autonome Kunstwissenschaft oder Kunstgeschichte mehr geben, sie wäre nur noch als Hilfswissenschaft zulässig, die das Rohmaterial gesichtet und geordnet anderen Disziplinen zur Verfügung stellt. [...] Angesichts der notorischen Vieldeutigkeit der künstlerischen Gebilde, der Schwierigkeit der Entscheidung zwischen Lösungsvorschlägen, deren jeder andere Aspekte am fraglichen Objekt zu erhellen scheint, der Möglichkeit stark subjektiver Färbung aller Geschmacksurteile, die doch in jedem Stilbefund mitenthalten sind, angesichts all dieser Unfestigkeit ist die Verlockung verständlich, von dem schwankenden Grund der sinnlich-ästhetischen Wahrnehmung in Forschungsgebiete auszuweichen, die im wesentlichen mit Schriftquellen operieren und so ein anscheinend höheres Maß an Objektivität oder zumindest von rational Formulierbarem versprechen. Die Ungewißheit des Anschaulichen scheint mit Hilfe einer Inbeziehungsetzung zu schwarz auf weiß Niedergeschriebenem beseitigt werden zu können. Dabei spielt auch mit, daß man ein Kunstwerk zu nobilitieren glaubt, wenn ein einfaches Bild in ein Gedankenbild uminterpretiert werden kann. [...] Die Crux ist nur, daß der Nachweis des faktischen Zusammenhangs zwischen anschaulichem Sachverhalt und aus irgendwelchen Schriftquellen beigebrachtem gedanklichem Konzept in den seltensten Fällen zu erbringen ist und man sich so auf noch unvergleichlich schwankenderen Grund ergibt als es die Schicht der Stilphänomene ist.«[2] Pächt ist unumwunden recht zu geben, und mehr noch: Quellen sind ihrerseits gestaltet, bilden ihrerseits Narrative aus, die zu ergründen sind, da Narratologie sonst willkürlich verführe.

Narrative Sinnkonstitution ist nicht anhand externer Quellen zu behaupten, sondern in der Spezifikation künstlerischer Gestaltungsweisen aufzuspüren. Der Hinweis auf die sinnkonstitutive Formung

---

[2]Pächt, Otto: Kritik der Ikonologie. -in: Kaemmerling, Ekkehard (Hrsg.): Ikonografie und Ikonologie. Theorien - Entwicklung - Probleme. Köln, 1979/1994. S. 353-376. Vgl. Held, Jutta; Schneider, Norbert: Grundzüge der Kunstwissenschaft. Gegenstandsbereiche - Institutionen - Problemfelder. Köln, Weimar, Wien, 2007. S. 288ff zur Einführung in das »Problem des Inhalts«.

der Erzählung verdankt sich dem Komparatisten Hayden White. Geschehnisaussagen werden erklärt und gewertet, z.B. in konventionalisierten Darstellungsmustern mit ihrer eigenen narrativen Kausalität, z.B. nach Anfang, Mitte, Ende.[3] Nicht zuletzt unser Kinderlied zeigt, »daß eine Veränderung der Form des Diskurses nicht gleichbedeutend mit einer Veränderung der Information über seinen textexternen Referenten sein muß; mit Sicherheit aber würde dadurch der von ihm produzierte Sinn verändert.«[4] Der Versbestandteil erhält seinen Sinn erst in der So-Morphie des ganzen Verses. Erzählung ist ein produktives Wie von Veränderungsqualifikationen in einer Folge von Sachverhaltsaussagen.[5] Der Anspruch, *Was*-Ordnungen in der Interpretation von Kunst endgültig »fest-«zustellen, *vernichtet* das narrative Kunstwerk, das Sinn im Wie kontinuierlicher Refiguration erhält, nicht in der Konstatierung vorausgesetzter Inhalte. Das sagt auch die Semiotik: »Wir sahen aber bereits, dass die semiotischen Modelle [...] fast nur bei der Analyse von Werbung und trivialen Bildern dienlich waren, während sie der ästhetischen Komplexität der traditionellen Malerei nicht gerecht wurden.«[6]
Natürlich kann Gestaltgebung sich auch mit *voraus*gesetzten Vorstellungen, die wir von einer bestimmten Stoffen oder bildkünstlerischen Traditionen haben, *auseinander*setzen. Stabreime, Tempusmorpheme, Präpositionen, Tonhöhen, Farbvorkommnisse oder Formflächengestalten werden ja stets in einer Subjekt-Objekt-Relation betrachtet, die einen Sachverhalt in Beziehung setzt. Die Identifikation eines Sachverhaltes muss diesen notwendig von anderen abgrenzen, auf die distinguierende Vereigenschaftungen nicht zutreffen. Man kann Sachverhalte in einer einzigen Hinsicht vereigenschaften, um sie von anderen Sachverhalten zu unterscheiden. Diese ei-

---

[3]Vgl. White, Hayden: Die Bedeutung der Form. Erzählstrukturen in der Geschichtsschreibung. Frankfurt am Main, 1990. S. 7 und S. 57f.

[4]White (1990), S. 57f.

[5]Vgl. Bergson, Henri: La perception du changement. Conférences faites à l'Université d'Oxford les 26 et 27 mai 1911. -in: Bergson, Henri: Oeuvres. Paris, 1959. S. 1365-1392, S. 1369ff.

[6]Held (2007), S. 372. Vgl. Brück (2014), S. 35ff. Zur Poetizität vgl. Klausnitzer, Ralf: Literaturwissenschaft. Begriffe - Verfahren - Arbeitstechniken. Köln, 2004, S. 23ff, zur Literazität vgl. Willems, Gottfried: Das Konzept der literarischen Gattungen. Untersuchungen zur klassischen deutschen Gattungstheorie, insbesondere zur Ästhetik F. Th. Vischers. Tübingen, 1981, S. 15.

ne Vereigenschaftung beinhaltet ein Alleinstellungskriterium. Man kann Sachverhalte auch in mehreren Hinsichten vereigenschaften, z.B. in einer Beziehung eines alleingestellten Sachverhaltes zu anderen Sachverhalten, was die Hinzunahme einer zusätzlichen Hinsicht bedingt. Kunst suspendiert oft Vereigenschaftungen des Alltäglichen und bietet eine Thematisierung von Hinsichten an (Aspektewechsel), basierend auf distinkten Eigenschaften des jeweiligen künstlerischen Produktivmittels. Die künstlerischen Produktivmittel formulieren Beziehungsgeflechte zwischen vereigenschafteten Sachverhaltssetzungen, in deren gestaltungssinnerzeugendes Miteinander sich das vereigenschaftende Subjekt einzufinden hat, um die Logik dieser Beziehungssetzung zu erfassen. Das gestaltungssinnerzeugende Miteinander der künstlerischen Produktivmittel ist die »Struktur«. In der Struktur werden vereigenschaftete Sachverhalte in Vereigenschaftungen höherer Ordnung gebracht, nach einer Gesetzmäßigkeit, die sich strukturanalogisch abbilden und reformulieren lassen soll, mit Hilfe von Hypothesen und Theorien, die sich mit Hilfe der Empirie modifizieren, falsifizieren oder bestätigen lassen.

Spezifisch bildkünstlerische, elementare Gestaltungsmittel, die in der Malerei, der Zeichnung, der Fotografie und auch der Plastik auftauchen, sind v.a. Farbe und Form, wobei Form analog der Modellierung akustischer Töne eine Modellierung von Farbwerten darstellt, somit als deren Vereigenschaftung verstanden werden kann. Hinsichtlich der Form kann man von folgenden Aspekten ausgehen: Formbeschaffenheit, Formstrukturierung, Formausdrucksqualität, Formkontrastbildungen, Sehformen (Wölfflin). Hinsichtlich der Farbe ist die Analyse folgender Aspekte ein guter Ausgangspunkt: Farbbeschaffenheit, Farbwirkung zur Form, Farb- und Formrhythmusmodifikationen, Farbkomposition, Farbkontrastbildungen, Farbraumkonstitution, Wirklichkeitsbezug. Dies zum Ausgangspunkt. Die Liste der Begrifflichkeiten ließe sich nach Zweck und Interesse erweitern. Eine Übersicht bietet der Anhang.

Was Strukturanalysen bildkünstlerischer Produktivität angeht, kann man von verschiedenen Strukturaspekten ausgehen, die die Elementare Farbe und Form in Beziehung setzen: Komposition und Rhythmus (Kuhn), Disposition, Bewegungslinien, Figurausgriffe, Räumlichkeit, Körperlichkeit, Leiblichkeit (Merleau-Ponty), Lichtgestaltung (Schöne). Man vergleiche auch hier den Anhang.

Eine der Grundstrukturen des Erzählens besteht darin, dass die Vereigenschaftung von Sachverhalten nach Hinsichten erfolgt, durch verschiedene an der Vereigenschaftung beteiligte Instanzen, die jene Sichtweisen auf ihre Umgebung generieren und diese damit orientieren. Stets ist die Vereigenschaftung eines Sachverhaltes Leistung eines Subjektes, sei es einer sich im Duktus artikulierenden Malerin oder Musikerin, sei es einer (a-)personalen Erzählerfigur, sei es eines Rezipienten, Lesers, Betrachters. Das Subjekt besteht nicht nur aus Gehirn, sondern erfährt und konstituiert Vereigenschaftungen mit allen Sinnen bzw. leiblich, das heisst in der Gesamtheit seines Daseins in dem Gefäss, was das Subjekt als »Welt« vom eigenen »Leib« unterscheidet.[7] Gerade in Kommunikationsbeziehungen künstlerischen Erzählens als raumzeitstellenbezogener Sachverhaltssaussage in sinnkonstitutiver Formung wird eigene Leiblichkeit zugunsten einer fremdfiguralen Leiblichkeit suspendiert, mit der sich der Rezipient im Erzählkontinuum engagiert. Der Rezipient schlüpft in die Rolle einer Figur und erlebt und vereigenschaftet die Sachverhalte ihrer Welt aus figuraler Sicht, verbunden mit einem mehr oder weniger ausgeprägten Bewusstsein eben dieser Rollenübernahme. Die Analyse von Fiktionalität muss daher Strukturen des Engagements fiktiver Leibsubjekte betrachten, im gestimmten Raum, im Aktionsraum und im Anschauungsraum.[8] Im Unterschied zur nicht-fiktiven Wirklichkeit des Zuschauers können Dramen- und Bildfiguren in Aktions- und Anschauungsräumen einer Situativität agieren, die die nichtfiktive Welt des Betrachters suspendiert: gerade die Rezipienteneinbindung durch Rekonstruktion figürlicher Situativitäten mittels der bildkünstlerischer oder literarischer Aktions- und Anschauungsräume stellt die grosse Leistung von Narrativität dar, die Fiktivierung. Fiktivierung ist jedoch mehr oder weniger bewusst, und das steigert das Ergötzen an der Fiktion.[9]

---

[7]Merleau-Ponty, Maurice: Phänomenologie der Wahrnehmung. Frankfurt am Main, 1945/1966, S. 291ff.

[8]Vgl. Ströker, Elisabeth: Philosophische Untersuchungen zum Raum. Frankfurt am Main, 1977, S. 19ff.

[9]Vgl. Brück (2014), S. 44ff zu Aristoteles.

Welche Ausgangspunkte haben wir also für eine Betrachtung der narrativen Strukturbildungen? Raumzeitstellenbezogene Sachverhaltssaussagen in sinnkonstitutiver Formung entstehen in Vereigenschaftungen höherer Ordnung, z.B. in Rückwendungen, Vorausdeutungen, Wiederholungen, Kontinuität oder Diskontinuität, Zeitraffung oder -dehnung, Geschehnisabfolge im Vergleich zur Erzählfolge usw. Betrachtet werden muss z.B. die Perspektivenbildung, die Figurcharakterisierung und Figurkonzeption, die Plotstruktur, narrative Gattungszugehörigkeit sowie Text-Bild-Vergleiche als elementar-strukturelle Vergleichen mit literaturwissenschaftlichen Analysen als möglichen Kontexte oder Prätexten. Auch hier bietet der Anhang eine Übersicht.

Vorstellung, Einstellung?

Möchte man narrative Strukturbildungen untersuchen, bietet sich der Blick auf Kategorien und Methoden der Literatur- und Theaterwissenschaft an, denn diese verfügen - zur Zeit - über differenziertere Begriffe als die Wissenschaft der bildenden Künste. Eine Publikation wie »Das Drama« aus der Feder des Manfred Pfister fehlt der Kunstgeschichte.[10] In Jutta Helds und Norbert Schneiders Einführung »Grundzüge der Kunstwissenschaft« wird Bilderzählung zwar vorausgesetzt, jedoch nicht als eigener Forschungszweig dargestellt.[11] Vielleicht hat es die Literaturwissenschaft einfacher: sie muss begrifflich differenzieren, weil sie Metasprache über Sprache betreibt. Kunstgeschichte kann sich damit begnügen, objektsprachlich über Bilder zu sprechen. Vielleicht verstellt, wie Pächt schrieb, die Ikonografie den Blick auf das Wie der Erzählung. Erzählvorlagen und deren Auswahl durch den Künstler sind vordergründig selbst dann evident, wenn hintergründig eine veränderte Gestaltung des Motivs und damit eine ganz andere Sinnkonstition im Werk stattfindet. Oder es geht und eine Verortung des Narrativen in geistes- oder sozial- oder religions- bzw. herrschaftsgeschichtlichen Kontexten. Auch hier erfolgt direkt eine Intentionalisierung, während der Forschung die begriffliche Vielfalt fehlt, die schon Aristoteles in seiner »Poetik« andachte.

Begriffliche Kategorien von einer auf eine andere Kunstgattung zu übertragen, bedeutet, vom Gattungsspezifischen zu abstrahieren. Das zeigte sich bei Fritz Strich, der kunstwissenschaftliche Begriffe auf Literatur bezog. Generellere Strukturmerkmale bildeten für ihn eine den unterschiedlichen Formensprachen gemeinsame ideengeschichtliche Grundlage.[12] Bei Strich fand eine Universalisierung des ideengeschichtlichen Anliegens statt, z.B. zur Generalisierung raum- und zeitkonstitutiver Strukturbildungen.[13] Wir sehen das anders: nicht gemeinsame Wirkhorizonte bilden die Grundlage für die Aus-

---

[10]Pfister, Manfred: Das Drama. Theorie und Analyse. München, 1997.

[11]Vgl. Held (2007).

[12]Strich, Fritz: Die Übertragung des Barockbegriffs von der bildenden Kunst auf die Dichtung. -in: Stamm, Rudolf (Hrg.): Die Kunstformen des Barockzeitalters. Bern, 1956. S. 243-265. S. 243ff. Vgl. die »Sehformen« in Wölfflin, Heinrich: Kunstgeschichtliche Grundbegriffe. Basel, Stuttgart, 1915/1948, die Strich zur epochalen Stimmung ausentwickelte.

[13]Vgl. Strich (1956), S. 251, sowie Strich, Fritz: Deutsche Klassik und Romantik. Bern, 1922/1949.

differenzierung unterschiedlicher Gestaltungsweisen, sondern unterschiedliche Gestaltungsweisen können, indem man mit Strukturbegriffen über sie spricht, distinguiert und miteinander verglichen werden.

Und doch sind bei Strich Strukturbildungen Begriffsbildungen, und als solche verdeutlichen sie die Vereigenschaftungen von und Relationen zwischen den in der Struktur begriffenen Gegenständen. Der Terminus des »Begreifens« sagt es schon aus: es handelt sich um eine Leistung des Subjektes, das unterschiedliche Gestaltungsweisen auf Vergleichbarkeit befragt. Natürlich laufen generalisierende Verortungen von Kunstwerken konkreten Sachverhaltsaussagen zur Gestaltung zuwider.[14] Macht die jeweilige So-Gestaltung mitsamt ihrer manuellen Wahrheit die Distinktionen einer Kunst aus, sind verschiedene künstlerische Produktivitäten inkommensurabel. Dies ließe sich prinzipiell sogar von unterschiedlichen Werken derselben Gattung behaupten, da jeder Künstler seinen eigenen Umgang mit Farbe und Form erzeugt. Doch lässt sich ein Kunstwerk nicht in seinen Distinktionen erkennen, wenn nicht schon generalisierende »Begriffe« vorhanden und zuhanden sind, mit denen man das Kunstwerk »be-greift«.[15] Inkommensurabilität ist mithin ein exklusives Totalargument. Die Auffassung einer Vergleichbarkeit schafft hingegen inklusive Beziehungen zwischen unterschiedlichen Erfahrungsbereichen, ohne Verschiedenheit im Konkreten auszuklammern. *Wechselseitige Erhellung der Künste* als Strukturvergleich ist kein negativer, sondern ein positiver Relativismus, der sich seiner Intentionalität und der Inkommensurabilität künstlerischer Gestaltungsweisen bewusst ist.

Das Bewusstsein eigener Intentionalität ist eine Hinwendung auf das dem Bewusstsein Gegenständliche. Edmund Husserls Phänomenologie beeinflusste viele Denkerinnen und Denker zum Anfang des 20. Jhd. und bildete den Ausgangspunkt einer phänomenologischen Kunstwissenschaft, die den künstlerischen Umgang mit

---

[14]Vgl. Epstein, Hans: Die Metaphysizierung in der literarwissenschaftlichen Begriffsbildung und ihre Folgen. Dargelegt an drei Theorien über das Literaturbarock. Berlin, 1929. S. 13ff.

[15]Vgl. dazu Dilly, Heinrich: Heinrich Wölfflin und Strich, Fritz. -in: König, Christoph; Lämmert, Eberhard (Hrg.): Literaturwissenschaft und Geistesgeschichte 1910 bis 1925. Frankfurt a.M., 1993, S. 265-285. S. 267.

bildnerischen Produktiva und damit auch die Inkommensurabilität künstlerischer Gestaltungsweisen untersucht. Intentional ist die (Aus-)Richtung des Bewusstseins auf das ihm Gegenständliche. Der Sinn eines Bewusstseinsgegenstand wird mithin an diesen herangetragen, mehr oder weniger treffend aus einer bestimmten Einstellung heraus. Dieser Bedeutungsintuitus erfolgt nicht nur in sinnlicher, sondern auch und vor allem in kategorialer Anschauung. Um z.B. eine Wiederholung einer Farbsetzung (re-)formulieren zu können, muss der Operator »und« zwischen Farbvorkommnissen modifiziert werden zu einem »einerseits-andererseits« als Kennzeichen einer Gegenüberstellung oder dem »dann« einer Folge. Schon in der Verknüpfung sinnlich anzuschauender Sachverhalte der Farb- und Formgebung verlagern wir unser Vermeinen und Aussagen von der sinnlichen in eine kategoriale Anschauung. Die Formulierung dieser weiterreichenden Vereigenschaftung des Subjektgegenständlichen ist angewiesen auf fortgeschrittenere Aussagen. Gestaltung wird vom Betrachter auf Erfüllung oder Nichterfüllung einer so oder so vorausgesetzten Vorstellung abgefragt. Erzählen wir ein Bild nach, greifen wir auf eine vorherige Kenntnis eines geordneten Stoffes zurück und fragen dessen Ordnung am Bild ab. Nichterfüllung einer vorausgesetzten Ordnung reichert das Kunsterlebnis im Vergleich zur Erfüllung des schon Gewussten an. Dabei findet idealerweise eine Differenzierung der Terminologie statt.[16] Entsteht so ein sachgerechtes Sehen oder ein adäquater Bedeutungsintuitus?

Moritz Geiger verstand sich als phänomenologischer Ästhetiker und kunstwissenschaftliche Wesensanalysen abhängig vom intuierenden Subjekt.[17] Dies betrifft besonders gestalterische Strukturen und die »allgemeinen Gesetzmäßigkeiten der ästhetischen Werke, [...] die prinzipielle Art, wie sie in ästhetischen Gegenständen ihr Fundament finden.«[18] Natürlich muss das Wissen um solche allgemeinen Gesetzmäßigkeiten ausgebildet worden sein.[19] Es geht um Intuition

---

[16] Vgl. Iser, Wolfgang: Interpretationsperspektiven moderner Kunsttheorie. -in: Henrich, Dieter; Iser, Wolfgang (Hrg.): Theorien der Kunst. Frankfurt am Main, 1993. S. 33-58. S. 42.

[17] Geiger, Moritz: Phänomenologische Ästhetik. -in: Zeitschrift für Ästhetik und Allgemeine Kunstwissenschaft. 9/1925. S. 29-42. S. 37.

[18] Geiger (1925), S. 34.

[19] Vgl. Geiger (1925), S. 33 zum Tragischen.

und Einstellung: »Man muß das Objekt in die richtige Verfassung gebracht haben, damit man an ihm ein allgemeines Wesen intuieren kann, und man muß zuvor noch das Subjekt in die richtige Verfassung gebracht haben, damit es überhaupt die richtige Intuition ausüben kann.«[20] Aber: »all diese Scheidungen, Analysen und Erschauungen wird nur ein Subjekt vornehmen können, das genügend geschult ist.« Für notwendige Intuitionen »ist ein langer Weg der Schulung in Wesensanalysen nötig.« »Es gilt, wirklich die Momente, auf die es ankommt, heraussehen zu lernen, sich nicht durch Nebengesichtspunkte und durch Vorurteile ableiten zu lassen, sich wirklich an die Phänomene und nur an die Phänomene zu halten.«[21] Die Kritik am »aristokratischen Charakter« dieses Ansatzes zeige vielleicht die Schwierigkeit des Anliegens, negiere jedoch nicht dessen Richtigkeit.[22]

Geiger ähnlich, jedoch mit logisch-deduktivem Anspruch, keineswegs phänomenologisch, begründete der Kunsthistoriker Hans Sedlmayr die »Strukturanalyse« zur Interpretation von Kunstwerken. »Das Ziel jeder ›Strukturanalyse‹ ist: ›von wenigem Zentralen her möglichst vieles bestimmbar, begreifbar zu machen‹ (M. Wertheimer)«.[23] Und dazu brauche es die »richtige Einstellung«. Das Konzept der Einstellung zeigt Ähnlichkeit zu Geigers Vorstellung einer Intuition, die nun jedoch die allgemeinen werkbestimmenden Wesenszüge des Kunstwerkes und seiner Epoche auffinden soll: der »anschauliche Charakter« des Kunstwerkes bestimme das So-Sein der Gestaltung.[24] Sah Geiger die Notwendigkeit, »sich nicht durch Nebengesichtspunkte und durch Vorurteile ableiten zu lassen, sich wirklich an die Phänomene und nur an die Phänomene zu halten«[25], verband Sedlmayr das Kriterium der richtigen Einstellung sogar mit der Einnahme eines adäquaten weltanschaulichen Standpunktes. Und blieb Sedlmayr begrifflich unscharf, wenn er vom »Ort im

---

[20]Geiger (1925), S. 35. Vgl. Husserl (1907/1973), S. 115ff, zur »günstigsten Wahl der Erscheinungsreihe«.

[21]Geiger (1925), S. 38.

[22]Vgl. Geiger (1925), S. 38.

[23]Sedlmayr, Hans: Kunst und Wahrheit. Mittenwald, 1978, S. 103.

[24]Vgl. Sedlmayr (1978), S. 105.

[25]Geiger (1925), S. 38

Leben«[26] bzw. der »Mitte des Kunstwerkes« schrieb, ein Begriff, der noch nach dem Zweiten Weltkrieg wahllos für weltanschauliche wie ästhetische wie exegetische Aspekte veranschlagt wurde und Wertungsfragen implizierte,[27] so stellte Geigers Hinweis auf den sichtbaren Werkbestand eine Chance zur intersubjektiven Nachprüfbarkeit dar. »Struktur« ist für Sedlmayr eine Ganzheit von Gestalt *und* Gehalt[28] - mithin eine Relativierung der bildkünstlerischen Produktivität. Geigers methodischer Imperativ befiehlt uns jedoch: zu den Fakten, zu den Gestaltungsmitteln, zu Farbe und Form! Hypothesenbildung setzt früh genug ein, muss sich jedoch aus der Betrachtung des Werkfaktischen ergeben, nicht aus geistes- oder kulturgeschichtlichen Spekulationen oder einer kontingenten Überlieferung von Sekundärquellen, die ihrerseits ja ebenfalls Artefakte sind, z.B. in ihrer literarischen Gattungszugehörigkeit.

Sedlmayrs und mehr noch Moritz Geigers Weg ging in gewissem Sinn auch der Germanist Emil Staiger. Sedlmayrs Weg insofern, als dass Staiger 1966 eine Rede in Zürich hielt, in der er die zeitgenössischen Literaturschaffenden provozierte und Werke »sittlicher Gesinnung« einforderte, wobei Gesinnung sich v.a. in der Wahl der erzählten Motive manifestiere. Ähnlich der Auseinandersetzung Sedlmayrs mit zeitgenössischen Künstlern konstatierte Staiger anlässlich seiner Auszeichnung mit dem Literaturpreis der Stadt Zürich den Mangel an Werten in der zeitgenössischen Literatur, womit er v.a. nachwies, dass sein Wertesystem nicht zeitgenössischen Auffassungen und Erfahrungen entsprach.[29] - Doch trotz seiner Vorliebe für die literarische Klassik gilt Staiger als Verfechter einer werkimmanenten Interpretation, und hierin zeigt sich die konzeptuelle Nähe zu Husserl und Geiger. Im Unterschied zu Sedlmayr bot Staiger eine mögliche Anwendung der Husserlschen Phänomenologie auf die

---

[26]Sedlmayr (1978), S. 192.

[27]Sedlmayr (1978), S. 193.

[28]Vgl. Seldmayr (1965/1978), S. 192.

[29]Vgl. Böhler, Michael: Der »neue« Zürcher Literaturstreit. Bilanz nach 20 Jahren. -in: Schöne, Albrecht (Hrsg.): Kontroversen, alte und neue. Bd 2. Tübingen, 1986, S. 252ff. Sodann die Primärquellen in: Sprache im technischen Zeitalter, 22, 1967, S. 83–206. Jaeckle, Erwin: Der Zürcher Literaturschock. München, 1968. Kaiser, Gerhard: »... ein männliches, aus tiefer Not gesungenes Kirchenlied ...« : Emil Staiger und der Zürcher Literaturstreit. -in: Mitteilungen des Deutschen Germanisten-Verbandes 47, 2000, Heft 4, S. 382–394.

Erkenntnis (literarischer) Kunstwerke. Staiger beschreibt in seinem Buch über die »Grundbegriffe der Poetik«,[30] wie der Leser Dichtung mit eigener Intentionalität deutet, z.B. mit einer bestimmten Auffassung von »lyrisch«, die sich mehr oder weniger anschaulich erfüllt oder nicht. Dazu ein Zitat: »Ich habe vom Lyrischen, Epischen und Dramatischen eine Idee. Diese Idee ist mir irgendeinmal an einem Beispiel aufgegangen [...] Die, um mit Husserl zu reden, ›ideale Bedeutung‹ ›lyrisch‹ kann ich vor einer Landschaft erfahren haben, was episch ist, vor einem Flüchtlingsstrom; den Sinn von ›dramatisch‹ prägt mir vielleicht ein Wortwechsel ein. Solche Bedeutungen stehen fest [...] Schwanken kann der Gehalt der Dichtungen, die ich nach der Idee bemesse [...] Ferner können an Unsicherheit die ›bedeutungsverleihenden Akte‹ leiden. Doch eine Idee von ›lyrisch‹, die ich einmal gefasst habe, ist so unverrückbar, wie die Idee des Dreiecks oder wie die Idee von ›rot‹, objektiv, meinem Belieben entrückt.«[31] Die Auffassung eines Sachverhaltes ist dabei abhängig von den Festlegungen einer Verständigungsgemeinschaft, von fundamentalen Auffassungsweisen, »eingebürgerte[n] Titel«, »Arbeitshypothesen«, Bezeichnungen für »bestimmte poetische Muster«. »Meine Idee von ›rot‹ muss dem entsprechen, was man gemeinhin ›rot‹ nennt.«[32] In dieser phänomenologische Grundhaltung werde Intentionalität, jenes »Organ nicht nur aus der Erfahrung, aber wohl an ihr und durch sie gebildet«[33] Wie schrieb Geiger: »um das Tragische auch nur bei einem Dichter aufzeigen zu können, muß man schon implizite mit dem Wesen des Tragischen vertraut sein.«[34] Im Rückgriff auf Husserls Gedanken zur Phänomenologie des inneren Zeitbewusstseins konnte Staiger dann die Gestaltungsprinzipien des Epos, des Dramas und der Lyrik als literarische Zeitqualifikationen deuten.[35]

---

[30]Staiger, Emil: Grundbegriffe der Poetik. Zürich, 1946/1961.

[31]Staiger (1946/1961), S. 9.

[32]Vgl. Staiger (1946/1961), S. 9f. Diese Muster suchte Staiger in eine philosophische Anthropologie zu erweitern, da die »Frage nach dem Wesen der Gattungsbegriffe« an die »Frage nach dem Wesen des Menschen« anknüpfe. Vgl. Staiger (1946/1961), S. 203.

[33]Staiger (1946/1961), S. 203.

[34]Geiger (1925), S. 33.

[35]Vgl. Brück (2014), S. 125ff.

Hinsichtlich des Problems bildkünstlerischen Erzählens hat sich der Kunsthistoriker Kurt Badt hervorgetan. Auch gegen ihn wurde der Vorwurf des kunstexegetischen Aristokratismus erhoben[36] - dabei stellte Badt seine Überlegungen zu jenen Eigenschaften der Kunst, die diese von anderen menschlichen Lebensvollzügen unterscheiden sollen, in zahlreichen Veröffentlichungen zur Disposition, was seine Widersacher gerne verschweigen. Seine Publikationen, bestimmt im Nachdruck, anspruchsvoll in den Propositionen, stellen differenzierende Ausgangspunkte dar für eine eigene kritische Beschäftigung mit den behandelten Künstlern. Zwar fordern insbesondere Badts in Metaphysik und *theoria* reichenden und dezisiv klingenden Generalisierungen Widersprüche nachgerade heraus, was sie wertvoll für eine eigene Beschäftigung mit Kunst macht. Doch Badt zu widerlegen ist müßig, in historischer wie systematischer Hinsicht. Historisch: Badts Textarbeit datiert wie die Sedlmayrs oder Staigers aus den 1930er bis 1960er Jahren, und Badts Theoretisierungen spiegeln den Forschungs- und Dokumentationsstand desselben Zeitraums wider.[37] Systematisch: Im »Borgobrand«-Aufsatz von 1959[38] wandte Badt sich v.a. Geschehnissen, dargestellter Zeit zu und empfahl eine inhaltliche Folgeordnung von Anfang, Mitte und Ende als Resultat poetologischen Interpretierens. 1961 generalisierte er diese Auffassung zu einer Abhandlung über »Die richtige Reihenfolge der Interpretation«.[39] In der Vororientierung über faktische Bestände des Werkes würden bildliche Zusammenhänge zur relevanzorientierten Hypothesenbildung erwogen:[40] die Genese einer Einstellung im Geigerschen Sinn, die Erklärungen leitet. Für Badt

---

[36] Werckmeister, O.K.: Kurt Badt: Eine Wissenschaftslehre der Kunstgeschichte. Köln, 1971. -in. Kunstchronik. Heft 8, Jg.26, August 1973. S. 266-275, der Badt unsinnigerweise eine Orientierung an Heideggers »Jargon der Eigentlichkeit« vorwirft, vgl. S. 269. Zur Divination vgl. Held (2007), S. 310.

[37] Vgl. z.B. Badt, Kurt: Die Kunst des Nicolas Poussin. 2 Bände. Köln, 1969, zu einem klassizistischen, am Dramatiker Chapelain geschulten Poussin, der zugleich Epiker im Staigerschen Sinne sein soll; hierin betrieb Badt entschieden Stil- und Epochenkunstgeschichte - gerade Stil- und Epochenkunstgeschichte wollte er jedoch durch die Hinwendung auf die Einzelwerke in Frage stellen.

[38] Badt, Kurt: Raphael's »Incendio del Borgo«. -in: Journal of the Warburg and Courtauld Institutes. 22/1959. S. 35-59.

[39] Badt, Kurt: Modell und Maler von Jan Vermeer. Probleme der Interpretation. Eine Streitschrift gegen Hans Sedlmayr. Köln, 1961.

[40] Vgl. Badt (1961), S. 31f.

leitet die Intuition die Intentionalität des bildlich Relevanten. Intuition muss daher - und das ist nur logisch - außerbildlich begründet werden, und dazu führt Badt v.a. einen konventionalisierten Bildaufbau in der europäischen Malerei an, als Ausdruck orientierter Leiblichkeit in sichtbarer Wirklichkeit.[41] Die Orientierung im leiblichen Raum erzeuge einen »geistige[n] Bildaufbau« als Folge von Darstellungsinhalten, zusammengesetzt zu konventionellen Aussagestrukturen. Diese Konventionalisierungen stellen »die Aufgabe, die Bildkomposition aufgrund dieser Strukturen zu erkennen«. »Die in den europäischen Gemälden auftretende Gerichtetheit von links nach rechts und zugleich von unten nach oben wird, auf die Bildstrukturen angesehen, zu einer Folge, die Folge aber zur grundlegenden Strukturdifferenzierung. Es wird nämlich im allgemeinen der Bildteil links unten ausgebildet als ein Kompositionsanfang, die Bildmitte zur Entwicklung des Themas (oder verschiedener Themen) benutzt, und im normalen Falle der Bildteil rechts als Schluß gestaltet.«[42] Darüber zu diskutieren, ob jedes Gemälde maltechnisch von links-unten-vorne nach rechts-oben-hinten aufgebaut sein soll, führt freilich am Kern der Sache vorbei: es geht nicht um eine qualifizierende Allaussage zur Werkgenese europäischer Gemälde, sondern um eine Charakterisierung der intentionalen Präsuppositionen, die die Betrachtung auf Erfüllung oder Nichterfüllung befragt: lassen sich unsere Kategorien, mit denen wir Kunst betrachten, am vorliegenden Werk bestätigen oder müssen wir sie revidieren, um ein Werk besser zu verstehen? Und geht es einer Narration auch um ein kausallogisches Auseinander von Grund und Folge, und nicht bloß um eine vorausgesetzte Gestaltung von links-unten-vorne nach rechts-oben-hinten, so tritt zur präsupponierten Leiblichkeit des sich orientierenden und räumenden Menschen auch dessen mehr oder minder vollständiges bzw. individualisiertes Wissen um eine vorausgesetzte »istoria«, mit der die Bilderzählung sich auseinandersetzt, als Einstieg in den hermeneutischen Zirkel.[43]

30

Wie sieht nun ein möglicher Einstieg in einen hermeneutischen Zirkel aus? Zu Beginn muss das interpretatorische Meinen, müssen die analysespezifischen Präsuppositionen klar formuliert werden, um auf jene aufmerksam zu werden. Es kann eine Schilderung der momentanen Subjektdisposition erfolgen: die »Tagesform« der Reflektierenden, die Ansprüche und Erwartungen an Werk und Werkreflexion, eine strukturierte Formulierung von Fragestellungen, die Begründung der Untersuchungsanliegen; in der Folge böte sich ein Vergleich mit erarbeiteten Resultaten an. Sodann wäre nach der Ansprache des Werkes an den Betrachter zu fragen, oder etwa nach dem Bildzaubers (Idolatrie), nach der vermeintlichen Ikonizität und den vermeintlichen Realitätsgraden und ihren Realitätsbereichen und Vorstellungswelten. Es könnte eine Bewertung vorreflexiver, affektiver Befindlichkeit folgen, bevor es zu einer vorläufigen Bestandsaufnahme käme als Vergewisserung für die analytische Reflexion. Die Aufzählung der Produktivaspekte, als kurze Charakterisierung und Begründung für eine eingehendere Analyse schlösse diese vorreflexive Verinnerlichung der Produktivaspekte ab, bevor es zu einer systematischeren reflexiven Verinnerlichung der Farb-Form-Elementare und der Strukturbildungen käme. Auch hier sei auf die Übersicht im Anhang verwiesen.

Lässt sich nun Badt direkt mit Husserl engführen? Hierzu ein klares »Jein«! Badt nutzt nicht Husserls Terminologie, und aus seiner Wissenschaftstheorie wird unseres Wissens nicht direkt auf Husserl referenziert.[44] Trotzdem lässt sich behaupten, »Folgeordnung« sei eine Intention, die in phänomenologischer Tradition vom Anschaulichen kategorial und sinnlich erfüllt wird oder leer bleibt, eine »kategoriale Anschauung« im Sinne Husserls.[45] Zwei Vorkommnisse a und b werden im Husserlschen »beziehenden Verbinden«[46] zu einer einheitlichen intentionalen Beziehung mit dem »und«-Operator als objektiver logischer Form: »a und b«. Das kolligierte »Und(a,b)« ist als

---

[44] Vgl. wegweisend Dittmann, Lorenz: Der folgerichtige Bildaufbau. Eine wissenschaftsgeschichtliche Skizze. -in: Von Hülsen-Esch; Körner, Klaus; Reuter, Guido (Hrg.): Bilderzählungen - Zeitlichkeit im Bild. Köln, 2003. S. 1-24. Sowie: Dittmann, Lorenz: Zur Bedeutung der »Phänomenologie des inneren Zeitbewusstseins«von Edmund Husserl für die Kunstgeschichtswissenschaft. -in: Nerdinger, Winfried; Knopp, Norbert (Hrg.): Festschrift für J.A. Schmoll genannt Eisenwerth zum 90. Geburtstag. München, 2005.

[45] Vgl. Husserl (1901/1980), S. 144ff.

[46] Husserl (1901/1980), S. 160.

zweistelliges Prädikat strukturell vergleichbar mit einer Kollektion von »Vergangen gegenüber(Jetzt(a),Jetzt(b))«, womit zeitliche Folgeordnung beschrieben sei. In dieser »ideierenden Abstraktion« komme »statt des unselbständigen Moments seine ›Idee‹, sein Allgemeines zum Bewußtsein, zum aktuellen Gegebensein«. Dies setzt die intuitive Schau des Allgemeinen voraus.[47] Doch gilt schon Husserl das »psychische Band, das die Synthesis herstellt [...] [als] Meinung, und ist als solche mehr oder minder erfüllt.«[48] Um eine fundierte Meinung vertreten zu können, müssen die sinnlichen Gegenstände in »adäquaten Anschauungen« angeschaut werden.[49] Nominale Bedeutungsintentionen werden mithin aus der Schau des Bewusstseins auf bewusstseinsimmanente Wahrnehmungsgegenstände gewonnen, nicht aus Empfindungsdaten realer, bewusstseinstranszendierender Objekte. »Meinung« liegt mithin schon in sinnlicher Anschauung vor.[50] Der Gedanke einer korrigierenden »Nachorientierung« tönt bei Badt implizit an, indem dieser vom »hermeneutischen Zirkel« spricht. Wir sagen: vorauszusetzende Leib- und Inhaltlichkeit müssen sich an ihrer Revidierbarkeit messen lassen. Denn es geht ja darum, die Distinktionen, die Alleinstellungsmerkmale und die Innovationshöhe künstlerischer Produktivmittel zu differenzieren. Einem hermeneutisch verfahrenden, sich selbst bewusstem Intentionalismus kann es daher nicht um eine Verifikation vorausgesetzter Intentionalität gehen, sondern er muss nachgerade deren Beschränkungen suchen, um über das Vorgewusste hinaus zu einer Erkenntnis des Andersgearteten, des Individuellen in den Darstellungsmodalitäten zu gelangen.

Ut pictura poesis, nun jedoch eher sprachkritisch als phänomenologisch: der Germanist Oskar Walzel versuchte wie Strich, die »Kunstgeschichtlichen Grundbegriffe« Wölfflins auf literarische Formen anzuwenden und damit eine formale Ästhetik der Literaturwissen-

---

[47] Husserl (1901/1980), S. 162f.

[48] Husserl (1901/1980), S. 173.

[49] Husserl (1901/1980), S. 176. Vgl. dagegen Pieper, Hans-Joachim: »Anschauung« als operativer Begriff: eine Untersuchung zur Grundlegung der transzendentalen Phänomenologie Edmund Husserls. Hamburg, 1993, S. 14ff.

[50] »Die Intention richtet sich [...] auf einen fundierten, kategoriale Formen oder Allgemeines enthaltenden Akt«, Pieper (1993), S. 16. Zum »Herausschauen« des »Wesens als »ideierenden Heraushebens eines Teilmomentes«, S. 19.

schaft zu begründen.[51] Walzel ging es jedoch um eine reflektierte-
re Übertragung von Begriffen. Walzel wollte in Anerkenntnis der
kategorialen Unvergleichbarkeit der Künste Beispiele für struktur-
analytische Vergleiche vorstellen. So werde in der Architektur »Har-
monie [...] nicht im reinmusikalischen Sinn des Einklangs gefaßt,
sondern gedacht ist [...] eine Vereinheitlichung, die durch einen [...]
künstlerischen Baugedanken zustande kommt.«[52] Hinsichtlich der
Raumzeitlichkeit künstlerischer Werke nannte Walzel Simultaneitä-
ten innerhalb musikalischer Werke, die das Konzept einer zeitlichen
Sukzessivität von Produktion und Rezeption transzendieren.[53] Und
in der »Raumkunst« könnten transitorische Elemente der Reihung
und sukzessiven Wahrnehmung auftauchen.[54] Der Erkenntnisge-
winn der »Wechselseitigen Erhellung«: er besteht für Walzel in deren
Terminologiekritik.[55] Ausgangspunkt müsse dabei die Individualer-
kenntnis des jeweiligen Kunstwerkes sein, nicht etwa eine Epoche
oder ein Stil. Eine übertragende Deduktion abstrakter Stileigenschaf-
ten in Richtung des jeweiligen Kunstwerkes ermögliche keinen Vergleich z.B. bildkünstlerischen Gestaltens mit poetischem Dichten.[56]
Umso gravierender sei dies, als dass die Kunst einer Epoche zu viel-
seitig ausfalle, um sie in generalisierenden Begriffen zusammenfas-
sen zu können.[57] Eingangs wurde vorausgesetzt, dass die künstleri-

---

[51]Vgl. Wölfflin (1915/1948). Vgl. Walzel, Oskar: Wechselseitige Erhellung der Künste.
Ein Beitrag zur Würdigung kunstgeschichtlicher Begriffe. Vortrag, gehalten am 3. Ja-
nuar 1917 in der Berliner Abteilung der Kantgesellschaft. -in: Philosophische Vorträge,
veröffentlicht von der Kantgesellschaft. Nr. 15/1917. Berlin, 1917, Walzel, Oskar: Gehalt und Gestalt im Kunstwerk des Dichters. -in: Handbuch der Literaturwissenschaft.
Berlin, 1923. Weisstein, Ulrich: Einleitung. Literatur und bildende Kunst: Geschichte,
Systematik, Methoden. -in: Weisstein, Ulrich (Hrg.): Literatur und Bildende Kunst: ein
Handbuch zur Theorie und Praxis eines komparatistischen Grenzgebietes. Berlin, 1992.
S. 11-31. Naderer, Klaus: Oskar Walzels Ansatz einer neuen Literaturwissenschaft. Mit
einem bibliographischen Anhang. Bonn, 1994.
[52]Walzel (1917), S. 8f.
[53]Walzel (1923), S. 274.
[54]Vgl. Walzel (1917), S. 15f.
[55]Walzel (1917), S. 9: Walzel »wirft [...] die Frage auf, ob der Erforscher einer Kunst fä-
hig ist, von dem Erforscher einer anderen, einer Nachbarkunst die Augen zu leihen, um
gewisse künstlerische Züge besser zu fassen, die ihm seine eigenen Betrachtungsweisen
nicht hinreichend enthüllen.«
[56]Vgl. Walzel (1917), S. 47.
[57]Vgl. Walzel (1917), S. 49. Vgl. kunsthistorisch: Schmoll gen. Eisenwerth, J. A.: Stilpluralismus statt Einheitszwang - zur Kritik der Stilepochenkunstgeschichte. -in: Schmoll
gen. Eisenwerth, J. A.: Epochengrenzen und Kontinuität. München, 1985.

schen Produktivmittel Beziehungsgeflechte zwischen subjektiv vereigenschafteten Sachverhaltssetzungen aufweisen, in deren Miteinander sich die Werkbetrachtung einzufinden hat. Auf solchen vor-
gewussten Organisationsformen[58] gründet erst die Vergleichbarkeit
inkommensurabler Zeichensysteme. Rhythmus, Gliederung, Reim,
Satzbau: diesen strukturellen Eigenschaften sprachlicher Äußerungen[59] können bildkünstlerische Gegenstandsbereiche entsprechen,
deren Vereigenschaftungen eine ähnliche logischen Form aufweisen.
Lassen sich Beschreibungskategorien im Strukturellen statt im Ele-
mentaren ansiedeln, erhalten sie Selbständigkeit, indem sie unab-
hängig von den distinkten Eigenschaften der jeweiligen Kunst bleiben.[60] Auf Gehaltsästhetik soll verzichtet werden.[61] Für Karl Vossler
liegt hier der Übergang von der Formästhetik zur formalen Ästhetik:
»Die bloß [...] empirische Betrachtung und Vergleichung ohne philosophische Reflexion kann allerhand Ergebnisse zeitigen, aber zu
der gegenseitigen Erhellung der Künste dringt sie nicht vor; denn
der Reflektor, d.h. der reine Begriff fehlt, in dem sie gespiegelt und
als Einheit begriffen werden können. Erst dem philosophischen Begriff der Kunst enthüllen sich die einzelnen Künste als Einheit. Hier
nur kann die Musik begriffen werden als eine Sprache der Töne, die
Malerei als eine Sprache von Farben und Linien, die Dichtung als eine Sprache der Sprache oder Kunstwerk des Wortes usw. Ausdruck
und Sprache sind ihrem Wesen nach sämtliche Künste [...] Was alle
Künste sinnvoll und hell macht, ist das Ausdrucksmäßige an ihnen,
das Sprechende.«[62] - Also Hayden Whites Kriterium der sinnkonstitutiven Formung.

---

[58]Vgl. Walzel (1917), S. 58.

[59]Vgl. Walzel (1917), S. 58f sowie S. 96ff.

[60]Vgl. Walzel (1917), S. 63ff.

[61]Vgl. Walzel (1923), S. 15f.

[62]Vossler, Karl: Über gegenseitige Erhellung der Künste. - in: Festschrift Heinrich
Wölfflin. Dresden, 1935. S. 160-167. S. 164.

Wissenschaftstheorie

Um die *Wechselseitige Erhellung der Künste,* die uns ja immerhin ursprünglich literaturwissenschaftliche Begriffe zur Beschreibung bildkünstlerischer Narrativität liefern soll, nicht nur phänomenologisch, sondern auch wissenschaftstheoretisch zu betrachten, sollte abschließend kurz auf die die wissenschaftstheoretischen Exponenten Karl Popper, Thomas S. Kuhn sowie Wolfgang Stegmüller eingegangen werden.

Dem Philosophen Karl Popper ging es um die Frage nach dem Erkenntnisfortschritt in einem kritisch-rationalistischen Vorgehen. Ausgangspunkt war ihm das Problem, dass induktiv gewonnene Wirklichkeitsaussagen auf Erfahrung gründen und dass Erfahrung ihrerseits induktiv gewonnen wurde. »Jede allgemeine Wirklichkeitsaussage braucht, um als Induktum überhaupt Geltungswert (sei er nun wahr oder falsch) a posteriori besitzen zu können, ein Induktionsprinzip, das von höherem Typus sein muß als das Induktum.«[63] Doch Popper zufolge denke der Mensch gar nicht so weit, sondern richte sich nach Wiederholung und Ideenassoziation. »Normalsatzpositionen« vertreten die Ansicht, dass alle Wirklichkeitsaussagen die gleiche Geltungsart haben: sie sind »prinzipiell endgültig entscheidbar«.[64] Zu ihnen zählen Popper zufolge der naive Induktionismus inkl. der Wahrscheinlichkeitsposition, der strenge Positivismus und der Apriorismus. Popper versuchte nun, das Induktionsproblem zu lösen: nicht indem er es rechtfertigte, sondern in dem er das Problem umformte in Teilprobleme, die besser gelöst werden können, und indem er anschließend das Verfahren der Induktion ersetzte durch die sog. »Falsifikationsmethode«, unter Zuhilfenahme des Satzes vom ausgeschlossenen Widerspruch als heuristisch-methodischer Kategorie.

Zuerst beantwortete er die Frage nach der Verifizierbarkeit einer induktiv gewonnenen Aussage abschlägig, im Unterschied zur Frage nach ihrer möglichen Falsifizierbarkeit. Wurde aus einer allgemeinen Aussage ein Sachverhalt prognostiziert, dessen Nichtzutreffen beobachtet wird, so stellt das die allgemeine Aussage selbst in Frage: ein Aspekt, den das aussagenlogische Schlussschema des »mo-

---

[63]Popper, Karl: Die beiden Grundprobleme der Erkenntnistheorie. Tübingen, 1979. S. 39.

[64]Popper (1979), S. 40.

dus tollens« beschreibt. Eine Theorie kann sich mithin nicht verifizieren, sondern nur falsifizieren lassen.[65] Das heißt für uns: tragen wir eine Erklärung an ein Kunstwerk als Grund für einen »anschaulichen Charakter« im Sedlmayrschen Sinne oder als Allgemein-Menschliches in Staigerschen Verständnis an ein Kunstwerk heran und widerspricht ein gestalterischer Zug im Werk den aus der angetragenen Theorie implizierten Prognosen über anschauliche Sachverhalte, so wäre die angetragene Theorie prinzipiell zu verwerfen, und nicht wenige Werkbetrachtungen werden mit dieser Intention durchgeführt. Dies entspräche ja auch der an Badt gestellten Forderung nach Nachorientierung im Eingang in einen hermeneutischen Zirkel.

Widerspruchsfrei muss die Theorie sein, damit die aus ihr deduzierten Prognosen widerspruchsfrei bleiben und damit überhaupt erst einmal falsifizierbar. Das betrifft noch nicht einmal das eigentliche Kunstwerk, sondern tatsächlich nur die herangetragene Theorie. Wird beispielsweise behauptet, eine bestimmte außerkünstlerische Quelle erkläre den Inhalt eines Kunstwerkes, so darf es natürlich keine widersprechende Quelle geben, was in der Praxis oft auf die pragmatische Assertion hinausläuft, man habe einerseits *die eine* Quelle identifiziert, die alles erkläre, und andererseits den Überblick über *alle möglichen* Quellen, die zu erwähnen nicht lohne, weil sie zur Erklärung nicht taugten - eine Andeutung, die ungern konkretisiert wird.[66] Oft wird die Unvereinbarkeit einer präsupponierten Theorie mit der Beobachtung meist als ein Versagen des Forschenden angesehen, dem es nicht gelingt, mehr oder weniger komplex ausgearbeitete und allgemein anerkannte Erklärungsmuster, wie sie z.B. anerkannte Quellen in Lehrbüchern darstellen,[67] auf den Einzelfall anzuwenden und Ordnung in seinem Forschungsgebiet zu schaffen.[68]

Zu Poppers Falsifikationismus ließe sich fragen, inwiefern denn der Satz vom ausgeschlossenen Widerspruch gelte. Für unsere Überle-

---

[65] Popper, Karl: Logik der Forschung. Tübingen, 1969, S. 45.

[66] Sie zeigt sich v.a. in Fußnotenanteilen hoher Dichte, denen nur wenige tatsächlich behandelte Quellen im Textteil gegenüberstehen.

[67] Vgl. z.B. Held (2007), S. 291ff, S. 300ff.

[68] Vgl. Kuhn, Thomas S.: Die Struktur wissenschaftlicher Revolutionen. Frankfurt a.M., 1973/1976. S. 38.

gungen ist das sogar ein wesentlicher Aspekt, denn wir beschäftigen uns mit Kunst, nicht mit Naturgesetzen. Susan Haack schreibt in einer Abhandlung über die Rechtfertigung der Deduktion: »we cannot justify deduction inductively, because to do so would be, at best, to show that *usually*, when the premises of a deductive argument are true, the conclusion is true too - which would be *too weak*, and we cannot justify deduction deductively, either, because such a justification would be *circular*.«[69]

Genau genommen lassen sich logische Prinzipien, Axiome *prinzipiell* also weder induktiv noch deduktiv verifizieren, außer man akzeptiert, dass sie *bisher* noch nicht falsifiziert wurden, und hier setzt Poppers Theorie von der Bewährung einer Theorie an. Im Normalfall kann der Wissenschaftler zwischen mehreren konkurrierenden Theorien wählen, und in diesem Umstand liegt die Ursache dafür, dass die Ausbildung von Kunstwissenschaftlern die Praxis verschiedener Methoden und Ansätze zur Werkerkenntnis vermitteln möchte.[70]

Popper fragt weiter, und dies ist wichtig, will man die Frage nach der *richtigen* Methode beantworten: können empirische Gründe »jemals rechtfertigen, eine von mehreren konkurrierenden allgemeinen Theorien anderen unter dem Gesichtspunkt der Wahrheit oder der Falschheit *vorzuziehen*?« »Es kann vorkommen, daß unsere Prüfaussagen einige, aber nicht alle konkurrierenden Theorien widerlegen, und da wir eine wahre Theorie suchen, werden wir dann jene vorziehen, die sich nicht als falsch erwiesen haben.«[71] Damit versucht Popper, vom kritisch-rationalistischen Falsifikationismus zu einer evo-

---

[69]Haack, Susan: The justification of deduction. -in: Mind. Bd. LXXXV, Nr. 337. Januar, 1976. S. 112-119, S. 112. Hervorhebung durch Haack. Über das Beweisschema eines logischen Schlusses schreibt Haack: »the answer to the further question, what justifies the argument schema, is simply that its instances are valid. This suggestion is unsatisfactory for several reasons. First, it shifts the justification problem from the argument schema to its instances, beyond the bald assertation that they *are* justified [...] Second [...] it is to say that its premises could not be true without its conclusion being true also, i.e. that *there is no argument of that form with true premises and false conclusion* [...] Third [...] the justification of this schema would have to be inductive«, weil sie sich auf die Basis der Gültigkeit der Prämissen stütze, Haack (1976), S. 118, Hervorhebung durch Haack.

[70]Vgl. z.B. Held, Jutta; Schneider, Norbert: Grundzüge der Kunstwissenschaft. Gegenstandsbereiche - Institutionen - Problemfelder. Köln, Weimar, Wien, 2007.

[71]Popper, Karl: Objektive Erkenntnis. Hamburg, 1993. S. 8. Hervorhebung durch Popper.

lutionären Erkenntnistheorie fortzuschreiten. »Unter dem Bewährungsgrad einer Theorie verstehe ich einen konzentrierten Bericht, der (zu einem bestimmten Zeitpunkt) den Stand der kritischen Diskussion einer Theorie hinsichtlich folgender Punkte bewertet: wie die Theorie ihre Probleme löst; der Grad ihrer Prüfbarkeit; die Strenge der Prüfungen, der sie unterzogen wurde; und wie sie diese Prüfungen bestanden hat. Bewährung(sgrad) ist also ein bewertender *Bericht über die bisherigen Leistungen.*«[72]
Natürlich sollen neue Lehrstühle aktuellen künstlerischen Gestaltungsweisen (z.B. Neue Medien) oder dem erneuerten akademischen Selbstverständnissen (z.B. als Medienphilosophie) gerecht werden, schließlich muss die Interpretation von Kunst und Kultur aktuelle Relevanz haben und sich nicht allzu sehr aufhalten mit alten Fragestellungen, deren methodologische Besonderheiten allerdings zitiert werden können, so sie den eigenen Diskurs legitimieren. So entstehen wissenschaftliche Dissertationen als *Inbegriff* des Bewährungsberichtes einer Theoriebildung an Lehrstühlen mit je spezifischer methodologischer Ausrichtung und werden geprüft, was jedoch auch bedeutet, dass Selbstreproduktion den Bewährungsgrad einer Theorie erhöht. Popper müsste sich mithin fragen lassen, inwiefern sein Ansatz nur normativ, nicht deskriptiv ausfällt. Damit steht und fällt Poppers Theorie des Falsifikationismus: ist Erkenntnis für Popper wahr gdw. sie mit den Tatsachen übereinstimmt, eine Reminiszenz an den Tarskischen Wahrheitsbegriff, so kann man fragen, inwiefern Poppers Ansatz relevant bleibt, wenn er die gängige Praxis wissenschaftlichen Erkenntnisfortschritts nicht beschreibt. Metaphysisch setzt Popper eine Wahrheit voraus, derer er jedoch im methodologischen Sinne nicht sicher sein kann. Dieser absolut verstandenen Wahrheit hinterherhinkend, sucht Popper nach Kriterien für eine größere Wahrheitsähnlichkeit mit Hilfe des Begriffes des »logischen Gehaltes« einer Aussage, der die Klasse aller Aussagen sein soll, die aus der Aussage folgen. Aus diesem logischen Gehalt, den jede Aussage besitzt, kann man nun die Klasse aller Aussagen bilden, die folgen und wahr sind. Popper bezeichnet diese Klasse als »Wahrheitsgehalt«. Analog dazu ist der »Falschheitsgehalt« die Klasse aller Aussagen, die falsch sind und ebenfalls aus

---

[72]Popper (1993), S. 18. Hervorhebung durch Popper.

der ursprünglichen Aussage folgen.[73] So lässt sich ein Wahrschein-
lichkeitsbegriff in Stellung bringen: ist der Wahrheits-, aber nicht der
Falschheitsgehalt der einen Theorie kleiner, oder ist der Falschheits-,
aber nicht der Wahrheitsgehalt der einen Theorie größer als der einer
anderen, so hat die eine Theorie eine geringere Wahrheitsähnlichkeit
als die andere: »es gibt Fragen, auf die die Einsteinsche Theorie [E,
d. V.] eine (nichttautologische) Antwort gibt, nicht aber die Newton-
sche Theorie N; damit ist der Gehalt von N bestimmt kleiner als der
von E.«[74]
Bezogen auf die Frage nach dem methodologischen Zugang zu Narrativität in Kunstwerken fällt natürlich sofort auf, dass eine Kunstgeschichte als Quellengeschichte und eine formal-ästhetische Betrachtung künstlerischer Gestaltungsweisen keine deckungsgleichen Gegenstandsbereiche aufweisen, mithin von einer Vergleichbarkeit von
Theorien keine Rede sein kann - es sei denn, die Quellen würden
formal-ästhetisch untersucht oder die künstlerischen Gestaltungsweisen auf ihre geschichtlichen Bedingungen befragt, was in beiden Fällen darauf hinausläuft, Kunstwerke unterschiedlicher Gattungen zu vergleichen, was wiederum bedeutet, Begriffe von der
einen in die andere Wissenschaft zu übertragen: *Wechselseitige Erhellung der Künste*. Möchte man z.B. Giovanni Pietro Belloris und André Félibiens Biografien Nicolas Poussins auf dessen Werke beziehen, so wäre die künstlerische Produktivität der gebrauchsliterari-
schen Äußerungen Belloris und Félibiens zu untersuchen und mit
Gestaltungsmitteln Poussins zu vergleichen.[75] Manchen fachspezifi-
schen Auffassungen könnte die Relevanz und damit die Legitimität
dieses Ansinnens durchaus verschlossen bleiben, da sie Sekundärquellen als inhaltliche Auskunft ohne sinnkonstitutive Formung des
Erzählgehaltes durch die Erzählgestalt verstehen. Das Verständnis
dürfte anwachsen, behandelte man Vergleiche in derselben Kunstgattung: hinsichtlich möglicher Ikonografien müssten deren formal-

---

[73]Vgl. Popper (1993), S. 49.

[74]Popper (1993), S. 53. Zu Poppers Falsifikationismus vgl. Poser, Hans: Wissenschaftstheorie. Eine philosophische Einführung. Stuttgart, 2001/2009. S. 104ff; Argumente gegen Popper ab S. 123ff.

[75]Vgl. die Textausgaben bei Germer, Stefan (Hrg.): Bellori, Félibien, Passeri, Sandrart.
Vies de Poussin. Paris, 1994. Félibien, André: Entretiens sur les vies et les ouvrages des
plus excellens peintres anciens et modernes [...] Trevaux, 1685.

ästhetische Erscheinung, also spezifisch künstlerische Gestaltungsweisen, mit denen der Gemälde Poussins verglichen werden. Erst
dann ließe sich überhaupt beurteilen, ob eine mögliche Erklärung
außerhalb des eigentlichen Kunstwerkes mehr oder weniger Wahr-
oder Falschheit besitzt als die werkimmanente Analyse spezifischer
Gestaltungsweisen ohne Heranziehung weiterer Quellen. [76]
Das Problem der behaupteten werktranszendenten Erklärungen
rührt nicht nur aus der von Otto Pächt beschriebenen Unsicherheit
des Rezipienten gegenüber der Kunst, die das Alltägliche der Erfahrung in Frage stellen und hinter sich lassen können. Es rührt auch
von einer simplizistischen Vorstellung des menschlichen Geistes als
Sammelstelle für Wahrnehmungen, was Popper als die »Kübeltheo-
rie des Alltagsverstandes« kennzeichnet.[77] Für Popper zeigt das Er-
kenntnissubjekt kein bloß passives Wahrnehmen, sondern es erfolgt
eine aktive und planmäßig-interpretierende Beobachtung von Sachverhalten: »Eine Beobachtung [...] ist ein Vorgang, in dem wir uns
äußerst *aktiv* verhalten. In der Beobachtung haben wir es mit einer
Wahrnehmung zu tun, die planmäßig vorbereitet ist, die wir nicht
›haben‹, sondern ›machen‹.«[78]
Beobachtung ist für Popper, ähnlich wie für die Phänomenologie, also intentional geleitet, und darin auch selektiv, indem Sachverhalte,
die nicht interessieren, ausgeschlossen bleiben. Das Subjekt besitzt
einen Erwartungshorizont, der genau jene Beobachtungen festlegt,
die für das erkennende Subjekt interessant sein könnten. Wir erse-
hen: der Vorwurf, eine formal-ästhetische Analyse narrativer Werke habe gegenüber einer Narratologie als vermeintlich objektiverer
Quellengeschichte den Nachteil der Subjektivität, fällt mit der Feststellung der Selektivität behaupteter Quellen, die das Werk statt dessen erklären sollen. So nimmt es auch nicht wunder, dass die große
Zeit der Quellenbehauptungen heute wesentlich vergangen ist, da
den Forschenden mit digitalisierten Archiven Recherchemittel zur
Verfügung stehen, die sie früher nicht hatten. Wer früher Quellen

---

[76]Sinnlos wäre jedoch, aufgrund einer wie auch immer gearteten, formal-ästhetisch
nicht untersuchten, jedoch assertorischen Quellen- oder Kontextintution heraus die intersubjektiv prüfbaren Erkenntnisse einer formal-ästhetischen Analyse als subjektiv ge-
trübt, als »nicht richtig«, zu diskreditieren.

[77]Popper (1993), S. 61ff.

[78]Popper (1993), S. 356.

behauptete, konnte sich vor Widerlegung dadurch schützen, dass jene, die ihn hätten widerlegen sollen, keine Forschungsgelder, ergo keine Auslandsaufenthalte, ergo keine Instituts- und Bibliothekszugehörigkeit im fremden Land, ergo keine Recherchemöglichkeiten oder wissenschaftlichen Austausch besaßen. Vor 20 Jahren standen die Archive der Bibliothèque Nationale de la France nur unter beträchtlichem Aufwand zur Verfügung. Heute sind viele Originalausgaben des 17. Jhd. per Mausklick verfügbar. Doch auch diese Verfügbarkeit, von der Ray Kurzweil sagt, ein »Kind in Afrika mit einem Smartphone [habe] [...] heute Zugriff auf mehr Wissen, als es der Präsident der USA vor 20 Jahren hatte«,[79] erlaubt es uns keineswegs, und das ist evident, eine hinreichende Vollständigkeit eines Quellengesamtes zu behaupten. Der Bezug dieser Vielfalt auf frühere Werkinterpretationen zeigt: quellengeschichtliche Wahrheit bleibt, was eben im speziellen Fall an Quellen zur Verfügung stand.

Falsch sei es also anzunehmen, Wissen sei, »soweit es fehlerfrei ist, [...] wesentlich passiv empfangenes Wissen, während der Irrtum stets von uns aktiv [...] erzeugt« sei.[80] Poppers eigener Entwurf einer evolutionären Erkenntnistheorie geht aus von in den einzelnen Lebewesen vorhandenen Reaktionsbereitschaften und -möglichkeiten gegenüber verschiedenen Reizen. »Wir können [...] sagen, daß ein Organismus *aus seinen Erfahrungen lernt*‹, wenn seine Reaktionsbereitschaft sich im Lauf der Zeit ändert und wenn wir Grund zur Annahme haben, daß diese Änderungen [...] auch von den Zuständen der äußeren Umgebung« abhängen.[81] Lernen ist also eine Modifikation der Reaktionsbereitschaft. Eine Modifikation des Bedeutungsintuitus in sinnlicher und kategorialer Anschauung, um mit Husserl zu reden. Popper: »Der Vorgang des Lernens besteht zum größten Teil aus solchen Korrekturen, aus der Elimination von (enttäuschten) Erwartungen.«[82] Und wenn Beobachtungen den Erwartungshorizont modifizieren können, helfen sie mit, neue Erwartungshorizonte zu spannen, in denen die Modifikationen berücksichtigt werden, und in denen keine logischen Unverträglichkeiten zu den rest-

---

[79]Guido Walter: Ray Kurzweil: »Computer werden bald sexy sein«, Hamburger Abendblatt, 07.10.2012.

[80]Popper (1993), S. 63.

[81]Popper (1993), S. 357, Hervorhebung durch Popper.

[82]Popper (1993), S. 357.

lichen Erwartungen einer Theorie auftauchen. Erkenntnis*fortschritt*
ist für Popper also eine approximative Annäherung der Erkenntnis
an die Wahrheit. Aus dem Gedanken der Anpassung des Menschen
an seine Umwelt mit Hilfe wissenschaftlicher Theorien und modifi-
zierter Selektivität leitete Popper Thesen zur Evolutionären Erkenntnistheorie ab, die in der Folge wiedergegeben werden sollen, um die
Vorstellung des Popperschen Ansatzes abzurunden: »Problemlösen
geht immer nach der Methode von Versuch und Irrtum vor [...] Die
Fehlerelimination geschieht entweder durch die völlige Ausschal-
tung nicht erfolgreicher Formen [...] oder durch [...] Entwicklung von
Steuerungsmechanismen, die unbrauchbare Organe, Verhaltensfor-
men oder Hypothesen abändern oder unterdrücken [...] In unserem
System sind nicht alle Probleme Überlebensprobleme: es gibt sehr
viele spezifische Probleme und Teilprobleme [...] Unser Schema sieht
die Entwicklung fehlereliminierender Steuerungen vor [...] die Feh-
ler eliminieren können, ohne den Organismus zu töten. Damit wird
es letztenendes möglich, daß unsere Hypothesen an unserer Stelle
sterben.«[83]
Natürlich aber müssen »befriedigende Theorien [...] grundsätzlich
über die empirischen Fälle, die zu ihrer Aufstellung Anlaß geben,
hinausgehen [...] ein Prinzip, das die Aufstellung von kühnen Hypothesen verlangt, die neue Beobachtungsgebiete aufschließen.«[84]
Wechselseitige Erhellung der Künste entspricht, sofern sie Terminologiekritik ist, diesen Gedanken zur Evolutionären Erkenntnistheorie. Natürlich widerstrebt diesem Ansinnen die allzu schnelle Fest-
legung des »anschaulichen Charakters« (Sedlmayr) auf einen weltanschaulichen Aspekt und die Aristokratie der »Einstellung« (Sedlmayr) auf weltanschaulich adäquates Verhalten des Interpreten, von
welcher Warte verhängnisvolle Werturteile zur Kunst des 20. Jhd.
geäußert wurden. Walzels Gedanke einer Entlehnung und Prüfung
von Begriffen der einen an der anderen Kunst entspricht Poppers
Forderung nach kühnen Hypothesen für Beobachtungsgebiete. Die
Modifikation des phänomenologischen Bedeutungsintuitus hilft,
neue Erwartungshorizonte zu spannen, in denen modifizierte Terminologie neue Erwartungen rechtfertigt und beobachtbar macht -

---

[83]Popper (1993), 252ff.
[84]Popper (1993), S. 369.

oder auch nicht. Und endlich bedeutet Terminologiekritik auch, die logischen Unverträglichkeiten zu den restlichen Erwartungen einer Theorie zu klären.

Es wurde schon angedeutet: Poppers Ansatz ist normativ. Der Wissenschaftstheoretiker Thomas S. Kuhn vertritt daher die Ansicht, daß »Sir Karl [Popper; d. V.] die gesamte Wissenschaft auf eine Weise beschreibt, die nur für ihre gelegentlichen revolutionären Abschnitte gilt.«[85] Normale Wissenschaft aber sei nicht mit Problemlösen im Sinne einer kritischen Infragestellung vorläufiger Theorien befasst, sondern wie sie »am besten [ihr] [...] eigenes Forschungsprogramm mit dem System der anerkannten wissenschaftlichen Erkenntnisse verknüpfen zu können glaubt [...] Der nächste Forschungsschritt ist dann jeweils darauf gerichtet, die Vermutung oder Hypothese zu erproben, zu prüfen. Wenn sie genügend viele oder genügend strenge Prüfungen besteht, dann hat der Wissenschaftler eine Entdeckung gemacht oder mindestens die gestellte Rätselfrage gelöst. Wenn nicht, muß er entweder die Rätselfrage liegenlassen oder sie mit einer anderen Hypothese zu lösen versuchen.« Dies entspricht dem Vorgehen der Quellenbehauptung: »In gewissem Sinne [...] ist der Übergang zur Wissenschaftlichkeit gerade durch das Aufhören der kritischen Diskussion gekennzeichnet«,[86] was, wie wir glauben, auch daher rühren kann, dass aufgrund der Disparatheit unterschiedlicher Gegenstandsbereiche formal-ästhetische Analysen zur künstlerischen Gestaltung und behauptete Quellengeschichte unverbunden nebeneinander stehen.

Es lohnt sich, etwas genauer auf Kuhns Buch »Die Struktur wissenschaftlicher Revolutionen« einzugehen. Für Kuhn ist die Frage nach Wissenschaftlichkeit eine psychologische, und das zeigt sich schon im Begriff wissenschaftlicher Paradigmen als »allgemein anerkannte wissenschaftliche Leistungen, die für eine gewisse Zeit einer Gemeinschaft von Fachleuten maßgebende Probleme und Lösungen liefern.«[87] Wissenschaftliche Entwicklung wird mithin als Vorgang der Isolierung und Kombination von »Fakten, Theorien und Me-

---

[85] Kuhn, Thomas: Die Entstehung des Neuen. Frankfurt a. M., 1977. S. 362.
[86] Kuhn (1977), S. 360ff.
[87] Kuhn (1976), S. 10.

thoden in Lehrbüchern« verstanden.[88] Normale Wissenschaft »als
die Betätigung, mit der die meisten Wissenschaftler zwangsläufig
fast ihr ganzes Leben verbringen, gründet auf der Annahme, daß
die wissenschaftliche Gemeinschaft weiß, wie die Welt beschaffen
ist.«[89] Der Paradigmenerwerb sei mithin Zeichen einer wachsen-
den Reife des Forschenden,[90] und normale Wissenschaft sei »Verhei-
ßung« und »Verwirklichung« der Erkenntnis durch den Paradigmenerwerb, als »Aufräumarbeit«[91] - und diesen Idealen erscheine Neu-
artigkeit nachgerade als »Fehlschlag bei der Forschung, der nicht
auf die Natur [d.i. den Untersuchungsgegenstand; d.V.], sondern auf
den Wissenschaftler zurückfällt«, dessen Scharfsinn beim regelge-
leiteten Rätsellösen versagt.[92] Natürlich schränkten die Paradigmen-
bestandteile die Menge der Untersuchungsgegenstände zwangsläufig ein. Die Erwartung bestimme die Wahrnehmung des Neuen,[93]
was uns ja bereits seit der Behandlung Husserls und Poppers geläu-
fig ist.[94] Wissensakkumulation sei abhängig von der Intentionalität
des Wissenschaftlers, der »weiß, was er erreichen will« und dement-
sprechend Instrumente und Überlegungen organisiere.[95] Aber eine
»weitere Bekanntschaft« mit den Untersuchungsgegenständen füh-
re zum »Bewußtsein, dass etwas falsch ist, oder sie bezieht den
Effekt auf etwas, das vorher falsch gelaufen ist.«[96] Hierin deutet
sich Sukzessivität in der Entwicklung wissenschaftlicher Kategori-
en an,[97], im Verzicht auf bestimmte Auffassungen und Verfahren,[98]
in der Bildung wissenschaftlicher Schulen als paradigmengeprägte
Lebensgemeinschaften,[99] die häufig aneinander vorbeiredeten, auch
im Streit um die Relevanz bestimmter Probleme.[100] Der Paradigmen-

---

[88]Kuhn (1976), S. 15.
[89]Kuhn (1976), S. 19f.
[90]Kuhn (1976), S. 26.
[91]Vgl. Kuhn (1976), S. 38.
[92]Vgl. Kuhn (1976), 49ff.
[93]Kuhn (1976), S. 73ff.
[94]Vgl. Poser (2009), S. 90.
[95]Kuhn (1976), S. 109.
[96]Kuhn (1976), S. 76.
[97]Vgl. Kuhn (1976), S. 68.
[98]Vgl. Kuhn (1976), S. 79.
[99]Vgl. Kuhn (1976), S. 106.
[100]Vgl. Kuhn (1976), S. 122.

wechsel in der Praxis »apparative[r] und theoretische[r] Erwägungen«[101] setze jedoch unbewusst ein, im Zuge einer unterschiedlichen Gestaltwahrnehmung im ursprünglichen Problembereich, ferner auf spekulative Weise, und auch im Rückschritt auf eine das Prinzipielle behandelnde philosophische Analyse.[102] Gestalt-, Sicht- und Aspektewechsel[103] erzeugten neue wissenschaftliche Biotope, die sich nur schwer mit den bestehenden zu verständigen wüssten.[104]

Zur Lösung des Biotopproblems fordert auch Kuhn intersubjektiv nachvollziehbare Elementarsätze für Beobachtungen, eine »neutrale Beobachtungssprache«. Die Frage, ob nun sinnliche Erfahrung ihrerseits »fixiert und neutral« sein kann, ließe sich dahingehend lösen, dass nicht nur die Extensionen, die Gegenstandsbereiche der Begriffe, sondern auch deren Intensionen, die Verwendungsweisen, reformuliert würden:[105] dies entspricht der Forderung Walzels zur *Wechselseitigen Erhellung der Künste*, die nicht nur Übertragungen von ursprünglichen Gegenstandsbereichen auf neue, sondern auch die Verwendungsweisen zu übertragender Begriffe deutlich macht, und dazu gehört auch ein Konzept von Wissenschaftlichkeit als Art des Sprechens über Problem- und Fragestellungen, Beobachtungen und Theorienbildung. Hans Poser präzisiert: es braucht Nominaldefinitionen für die Begriffe, extensionale Definitionen zur Feststellung des Begriffsumfanges, intensionale Definitionen zur Feststellung der Begriffsinhalte, hinweisende, ostensive Definitionen zum Verweis auf die Phänomene, implizite Definitionen innerhalb der angewendeten Logik mit ihrem Axiomensystem sowie Kontextdefinitionen.[106] - Im Gegensatz dazu finde eine solche sprachkritische Arbeit in wissenschaftlichen Lehrbüchern nicht statt, so Kuhn, weshalb diese nach einer jeden Revolution neu geschrieben werden müssten.[107]

---

[101] Kuhn (1976), S. 72.

[102] Kuhn (1976), S. 98ff.

[103] Vgl. Kuhn (1976), S. 124ff.

[104] Kuhn (1976), S. 133.

[105] Vgl. Kuhn (1976), S. 137ff.

[106] Vgl. Poser (2009), S. 94ff.

[107] Kuhn (1976), S. 147ff. Konkurrierende Schulen benutzten oft gleiche Begriffe für unterschiedliche Intensionen, was begriffliche Verwirrung stifte, vgl. S. 160.)

Kuhns Anmerkungen zur Kunstwissenschaft im Speziellen vermögen nicht zu überzeugen. Er vertritt eine Fortschrittskunstgeschichte, die künstlerische Entwicklung als Progress im Lösen künstlerischer Probleme versteht. So erwähnt er Vasari, der retrospektiv schrieb, die Zentralperspektive und das Helldunkel hätten eine vollkommenere Darstellung der Natur ermöglicht: eine klassische Argumentation nach dem Schema *post hoc ergo propter hoc*.[108] Was Kuhn jedoch an Geisteswissenschaften hervorhebt, ist deren Besitz einer Klassikerliteratur, die dem Studierenden »ständig eine Anzahl von konkurrierenden und unkommensurablen Lösungen [...] vor Augen [...] [stellt], die letztlich er selbst bewerten muß«.[109] Zu diesem wissenschaftstheoretischen Relativismus Kuhns meint Hans Poser, dass dies selbst ein Paradigma sei: eines der Wissenschaftsgeschichte, mithin der Forschungsdynamik. Popper, der von Kuhn angegriffen wurde, liefere dagegen ein Paradigma der Theoriendynamik, was einander nicht ausschließe.[110]

Wichtiger aber ist festzuhalten, dass Popper und Kuhn sich auf die naturwissenschaftliche Theorienbildung beziehen, und hier greift das sog. »Hempel-Oppenheim-Schema« (HO-Schema). Dieses ist ein Schlussschema bzw. eine Ableitung von Erklärungen aus Gesetzmäßigkeiten und Antezedensbedingungen. Das oben genannte Beispiel Vasaris zeigt, dass gerade in den gering formalisierten und daher logisch nicht immer widerspruchsfreien Geisteswissenschaften gern intentionale Schlüsse gezogen werden, denen z.B. teleologisch präsupponierte Entwicklungsziele inhärieren, die freilich als Gesetzmäßigkeiten verkauft werden sollen: »A will Z erreichen; Nur wenn A x tut, wird er Z erreichen; A muß x tun (oder auch: A tut x)«.[111] Die Unklarheit über Gesetz und Antezedensbedingung ist hier evident, und hermeneutische Erkenntnis strebt hier ein »Verstehen des individuellen Ereignisses« an,[112] das vor einen wie auch

---

[108] Vgl. Kuhn (1976), S. 172.

[109] Kuhn (1976), S. 176. Dass Vertreter alter bzw. veralteter Paradigmen am Ende aussterben, könne auch problematisch werden: Kuhn zufolge entstünden die größten Verhärtungen ausgerechnet dann, wenn Wissenschaftler wissenschaftliche Krisen samt der Hoffnung auf neue Paradigmen nie miterleben durften, vgl. S. 168.

[110] Vgl. Poser (2009), S. 154f.

[111] Poser (2009), S. 53.

[112] Poser (2009), S. 58.

immer gearteten Hintergrund, ein Vorverständnis gesetzt werde, als
ein Allgemeines, das dem Einzelnen einen Sinn verleihe.[113] Jedoch
erachtet es Poser für unmöglich im historischen Zusammenhang, in
einer geistes-, ideen- oder religions-, sozial- oder kulturgeschichtlichen Auffassung, dass die Geschichtsschreibung ihre Schlussfol-
gerungen nach dem HO-Schema formuliert: historische Phänomene wie z.B. die Französische Revolution seine zu komplex hierfür;
und was evolutionäre Vorgänge anbelange - und unseres Erachtens
gehört hierzu auch das Entstehen von Kunstwerken und Œuvrege-
samten - gälte *blind variation*,[114] d.i. weder eine vorab formulierba-
re Intentionalität, noch eine Determination durch eine Epoche oder
historische Umstände, da ja, wir führen das Postulat Hayden Whites
fort, der Sinn des Werkes sich aus dessen Konfiguration ergibt, mithin das Gepräge einer Epoche aus ihren (arte-)faktischen Bestandtei-
len. - Angesichts dieser Umstände bleibt die Forderung bestehen, in
der Analyse bildkünstlerischer Gestaltung dem wissenschaftlichen
Schließen unfassbare und unscharf vorausgesetzte Gesetzmäßigkeiten auszuklammern und sich an den sinnlich fassbaren und katego-
risierbaren Werkbestand zu halten. Dieser Forderung entspricht die
Wechselseitige Erhellung der Künste, weil sie von den künstlerischen
Produktivmitteln ausgeht und von außerkünstlerischen Erklärungen von Kunst absieht.
Die *Wechselseitige Erhellung der Künste* ist jedoch nicht nur attraktiv,
weil sie ihr eigenes Sprechen und dessen Grenzen analysiert, dabei
die elementare Inkommensurabilität der künstlerischen Produktivmittel anerkennt, in Konzentration auf sinnlich Wahrnehmbares und
kategorial Unterscheidbares, ohne entwicklungsgeschichtliche Te-
leologie oder Erklärung durch Epochalkontexte. Sie vergrößert auch
den Anwendungsbereich einer Theorie. Dazu beschäftigen wir uns
abschließend mit Wolfgang Stegmüller, einem Wissenschaftstheoretiker, der seine Auffassungen an Popper und Kuhn ausgearbeitet
hat.[115] Stegmüller nimmt eine Aufspaltung der wissenschaftlichen
Theoriebildung vor, in eine logische und in eine empirische Kompo-

---

[113]Vgl. Poser (2009), S. 209f.

[114]Poser (2009), S. 59

[115]Vgl. Poser (2009), S. 169ff; zu Stegmüller gegenüber Popper und Kuhn; vgl. Stegmüller, Wolfgang: Hauptströmungen der Gegenwartsphilosophie. Eine kritische Einführung. Bd. II. Stuttgart, 1975. S. 513ff.

nente.[116] »›Normalwissenschaftlicher Fortschritt‹ umfaßt also zwei heterogene Komponenten: *die Aufstellung verbesserter Kernerweiterungen* (logische Komponente) und *die Vergrößerung des Anwendungsbereiches* (empirische Komponente).«[117] In der wissenschaftlichen Praxis bleibt nun die logische Komponente gleich, während hinsichtlich der empirischen Komponente versucht wird, die Menge der intendierten Anwendungen I der Theorie zu vergrössern, und zwar ausgehend von einer Menge paradigmatischer Anwendungen I_0 von I.[118] Das Interessante ist nun, dass für die *Wechselseitige Erhellung der Künste* die eine Kunst über leistungsfähige Kategorien und Methoden verfügt, die am paradigmatischen Anwendungsbereich spezifiziert und nun an einer anderen Kunst erprobt werden, was die Menge intendierter Anwendungen um jene erweitert, die aus dieser neuen Empirie stammen. Die logische Form der strukturellen Gestaltungsmittel als vorgewusste Organisationsformen[119] bleibt dabei gleich: es wird die Möglichkeit ihres Bezuges auf neue, andere Gestaltungselementare untersucht.

Natürlich ist die logische Form der strukturellen Gestaltungsmittel anhand der paradigmatischen Ausgangsmenge I_0 von Anwendungen zu spezifizieren - eine Anmerkung Posers zu Stegmüller geht dahin, dass Stegmüllers wissenschaftstheoretisches Konzept formalisierbare Aussagen als logischen Kern voraussetze, das Konzept selbst mithin nur auf die Physik bezogen werden könne, worin sich eine Grenze zeitgenössischer Wissenschaftstheorie zeige.[120] Doch kann die Stegmüllersche Forderung statt als Modell für Wissenschaft auch als ein wissenschaftstheoretischer Imperativ verstanden werden, der eine möglichst spezifische Formulierung der Ausgangspunkte, Kategorien und Methoden des eigenen wissenschaftlichen Arbeitens fordert. Stegmüller selbst sieht das Verfügen über eine Theorie im wesentlichen als einen Vorgang, der von Kenntnis, Evidenz, Akzeptanz sowie Überzeugung geprägt ist: »Wir sind jetzt soweit, daß wir die Wendung ›jemand verfügt über eine Theorie‹ ungefähr definieren können. Daß die Person *p* zu einer Zeit über eine

---

[116]Vgl. Stegmüller (1975), II, S. 514ff.

[117]Stegmüller (1975), II, S. 517, Hervorhebung Stegmüller.

[118]Vgl. Stegmüller (1975), II, S. 517.

[119]Vgl. Walzel (1917), S. 58.

[120]Poser (2009), S. 172.

Theorie T verfügt, soll heißen, daß die folgenden Bedingungen erfüllt sind: (1) Daß T aus zwei Teilen K und I im eben angegebenen Sinn besteht; (2) daß p eine Kernerweiterung E kennt, die auf I anwendbar ist, und daß dieses E unter allen p bekannten Kernerweiterungen die stärkste ist; (3) daß I die größte p bekannte Menge ist, auf welche dies zutrifft; (4) daß eine Person oder Personengruppe (der oder die ›Schöpfer der Theorie‹) existiert, welche zu einer früheren Zeit außer K die paradigmatische Beispielmenge I_0 festlegte und erstmals eine erfolgreiche Kernerweiterung vornahm; (5) daß p selbst bereit ist, diese paradigmatische Beispielmenge I_0 zu akzeptieren; (6) daß p davon überzeugt ist, daß es Verstärkungen von E gibt, die ebenfalls auf I anwendbar sind, und daß diese Verstärkungen sogar auf eine I echt umfassende Menge anwendbar sind.«[121] Vergleichen wir: die *Wechselseitige Erhellung der Künste* positioniert sich nicht nur auf einer anderen (der diskursiven) Ebene als die jeweiligen künstlerischen Produktivitäten.[122] Sie spezifiziert durch das Ausgehen von der einen Kunst jene auch als spezifischen empirischen Anwendungsbereich, was Punkt (1) erfüllt. Hinsichtlich Punkt (2) ist evident, dass eine Theorie zur künstlerischen Gestaltung, die ohne außerkünstlerische Erklärungsmuster auskommt, stärker sein muss als solche, die außerkünstlerische Erklärungsmuster benötigt.[123] Das gilt natürlich erst recht für eine Theorie künstlerischer Narrativität als Kernerweiterung. Darüber hinaus bleibt Walzels Vortrag von 1917 ungleich näher an den Kunstwerken als die Ausführungen Strichs, die Epocheneinflüsse geltend macht. Was Punkt (3) angeht, so wird durch die Hinwendung auf den Gegenstandsbereich der Künste und in unserem Fall der künstlerischen Narrativität versucht, den Anwendungsbereich zugleich zu begrenzen wie offenzuhalten; es handelt sich um ein Kriterium, das, wie Stegmüller schreibt, die »hypothetische Natur« des »Kennens« betont.[124] Sodann Punkt (4): Walzel legte mit seinen Vortrag 1917 die

---

[121] Stegmüller (1975), II, S. 517f.

[122] Demgegenüber ersetzt Ikonografie Motive durch - Motive.

[123] Demgegenüber verweist die Ikonografie auf die Ikonologie und manche Zweige der Kunstgeschichte auf die Sekundärquellen.

[124] Vgl. Stegmüller (1975), II, S. 519. Demgegenüber verläuft die Darstellung nichtkünstlerischer oder nicht auf ihre spezifisch künstlerische Produktivität befragter Schlüsselquellen assertorisch.

paradigmatische Beispielmenge I_0 fest, allerdings gewann er die paradigmatischen Beispiele aus dem Bereich der bildenden Kunst, in Anwendung auf die Literaturwissenschaft. Wir verfahren umgekehrt, akzeptieren dabei jedoch entsprechend Punkt (5) die von Walzel gewählte paradigmatische Ausgangsmenge I_0, da Walzel von einer *wechsel*seitigen Erhellung spricht, nicht von einer *ein*seitigen. Schließlich Punkt (6): wir sind in der Tat davon überzeugt, dass es eine Verstärkung des Kernbereiches gibt, die insbesondere die Menge der intendierten Anwendungen erweitern kann: eine aus der wechselseitigen Erhellung der Künste gewonnene Theorie bildkünstlerischer Narrativität, die über die von Walzel skizzierten Möglichkeiten hinausgeht.[125]

---

[125] Demgegenüber liegt in der Ikonologie eine Einschränkung des Gegenstandsbereiches gegenüber der Ikonografie vor, die aus der Platonisierung der Begriffsbildung resultiert, daraus, dass die ikonologischen Kategorien Abstraktionen darstellen, z.B. als »Wiedergeburt der Antike«, als »Entwicklung der westeuropäischen Kunst«, vgl. Liebmann, Michael: Ikonologie. -in: Kaemmerling, Ekkehard (Hrsg.): Ikonografie und Ikonologie. Theorien - Entwicklung - Probleme. Köln, 1979/1994. S. 301-328, S. 303. Oder: Allegorie- und Symbolforschung (*aliquid stat pro aliquo*), S. 304. Die Beschäftigung mit distinkten künstlerischen Produktivitäten stelle nur das »*erste*, niedere Stadium« der Ikonologie dar, S. 305, Hervorhebung Liebmann, der es ausschließlich um das Sujet gehe, S. 313. Bezeichnenderweise liege die »ikonographische Bedeutung [...] nicht offen zutage.« S. 305; in diesem Sinne *kann* ein Werk niemals selbstevident sein. So bemerkt Liebmann richtig: »Die Analyse [...] führt uns somit vom wirklichen Wesen der künstlerischen Schöpfung, vom Hauptsächlichen weg auf ein faktisch nebensächliches Gebiet.« S. 314.

Schluss

Wechselseitige Erhellung der Künste liefert eine Terminologie zur Analyse von Erzählungen als raumzeitstellenbezogene Sachverhaltssaussagen in sinnkonstitutiver Formung, die Situativität als ein Gesamt an Handlungsmöglichkeiten an einem bestimmten Ort und zu einem bestimmten Zeitpunkt, das Faktizität des Vergangenen bzw. Vorhandenen sowie Potentialität des Zukünftigen bzw. Zuhanden-Erreichbaren formulieren. Damit vermag sich die narratologische Kunstbetrachtung von Begleitmedien als geistes- oder ideengeschichtlichen oder (auto-)biografischen Erklärungen zu lösen, die ihrerseits Gebrauchsliteratur darstellen, mithin künstlerische Gestaltung aufweisen. Die gefundene Terminologie umfasst spezifisch bildkünstlerische, das sind elementare Gestaltungsmittel, sodann Strukturaspekte, die auch die Konstitution narrativer Strukturbildungen beinhalten.

Die Frage nach dem Vorgehen der Erhellung wurde als Frage nach einem Hermeneutischen Intuitionismus reformuliert. Der Interpret oder die Interpretin verfügt über Vorgewusstes, dessen sich bewusst zu werden gilt und das differenziert werden sollte. Erhellung hilft dabei, Extensionen und Intensionen, das sind die Gegenstandsbereiche und Verwendungsweisen veranschlagter Begriffe, zu klären. Eine (selbst-)kritische Anwendung der gefundenen Begriffe auf den neuen Gegenstandsbereich der anderen Kunstgattung muss die für diesen Fall spezifischen Verwendungsweisen strukturieren, die die elementare Inkommensurabilität der Gestaltungsweisen unterschiedlicher Kunstgattungen berücksichtigt.

Die wissenschaftstheoretische Grundlegung der *Wechselseitigen Erhellung der Künste* berücksichtigt Intersubjektivität als Kriterium der Nachprüfbarkeit der getätigten Beobachtungen, die auf ein Gesamt strukturspezifischer Kategorien zurückgreifen kann. Verifizieren lassen sich solcherart erarbeitete Interpretationen nicht - in der Tat stellt die mögliche Falsifizierbarkeit durch Detaillierung den Leitstern der Werkbetrachtung dar, also die Möglichkeit der Nachorientierung des Interpreten im durch den ursprünglichen Bedeutungsintuitus betretenen hermeneutischen Zirkel. - Vielen Interpretationen ist dieses Postulat der möglichen Nachorientierung bzw. Falsifizierbarkeit fremd. Sie verfügen noch nicht einmal über eine definierte terminologische Ausgangsbasis oder - im Fall der Be-

hauptung von Schlüsselquellen für bildkünstlerische Narrativität
- über ein Bewusstsein der Selektivität oder der Inkonsistenz ihres Erklärungen liefernden Gesetzgesamtes. Der Verweis auf Popper zeigt: die Frage nach der richtigen Interpretation ist somit eine Frage, die sich dem Gegenstandsbereich der Evolutionären Erkenntnistheorie zuordnen ließe. Kuhns Essay zur Struktur wissenschaftlichen Fortschritts zeigt darüber hinaus, dass Wissenschaftlichkeit nicht einfach beansprucht werden kann, sondern eine Art
des Sprechens über Problem- und Fragestellungen darstellt, über Beobachtungen und Theorienbildung. Worauf Poser hinwies, dass es
verschiedene Arten definierenden Sprechens über die eigenen Kategorien und Methoden brauche: dieser Anspruch kann nur ver-
wirklicht werden, indem Klarheit über die eigenen Ausgangspunkte
geschaffen und die Legitimität des eigenen Vorgehens nachgewie-
sen wird. Ein Blick auf aktuelle Auffassungen zur Theoriebildung
und -dynamik im Falle Wolfgang Stegmüllers und Hans Posers zeigte, dass die *Wechselseitige Erhellung der Künste*, von Walzel 1917 ins
Spiel gebracht, durchaus noch Attraktivität aufzuweisen vermag. Sie
empfiehlt sich - insbesondere in einer gattungsübergreifenden Theorie künstlerischer Narrativität - heutiger Forschung als gewissenhaft
fundierter Ausgangspunkt, der ohne außerkünstlerische, theorien-
un-ökonomische Erklärungsvehikel auskommen kann.

Literatur

Badt (1959) Badt, Kurt: Raphael's »Incendio del Borgo«. -in: Journal of the Warburg and Courtauld Institutes. 22/1959. S. 35-59.

Badt (1961) Badt, Kurt: Modell und Maler von Jan Vermeer. Probleme der Interpretation. Eine Streitschrift gegen Hans Sedlmayr. Köln, 1961.

Badt (1969) Badt, Kurt: Die Kunst des Nicolas Poussin. 2 Bände. Köln, 1969.

Bensch (1994) Bensch, Georg: Vom Kunstwerk zum ästhetischen Objekt. Zur Geschichte der phänomenologischen Ästhetik. München, 1994.

Bergson (1911/1959) Bergson, Henri: La perception du changement. Conférences faites à l'Université d'Oxford les 26 et 27 mai 1911. -in: Bergson, Henri: Oeuvres. Paris, 1959. S. 1365-1392

Böhler (1986) Böhler, Michael: Der »neue« Zürcher Literaturstreit. Bilanz nach 20 Jahren. -in: Schöne, Albrecht (Hrsg.): Kontroversen, alte und neue. Bd 2. Tübingen, 1986.

Brück (2014) Brück, Werner: Wie erzählt Poussin? Proben zur Anwendbarkeit poetologischer Begriffe aus Literatur- und Theaterwissenschaft auf Werke der bildenden Kunst. Versuch einer »Wechselseitigen Erhellung der Künste«. Saarbrücken, Norderstedt, 2014.

Dilly (1993) Dilly, Heinrich: Heinrich Wölfflin und Strich, Fritz. -in: König, Christoph; Lämmert, Eberhard (Hrg.): Literaturwissenschaft und Geistesgeschichte 1910 bis 1925. Frankfurt a.M., 1993, S. 265-285.

Dittmann (2003) Dittmann, Lorenz: Der folgerichtige Bildaufbau. Eine wissenschaftsgeschichtliche Skizze. -in: Von Hülsen-Esch; Körner, Klaus; Reuter, Guido (Hrg.): Bilderzählungen - Zeitlichkeit im Bild. Köln, 2003. S. 1-24.

Dittmann (2005a) Dittmann, Lorenz: Zur Bedeutung der »Phänomenologie des inneren Zeitbewusstseins«von Edmund Husserl für die Kunstgeschichtswissenschaft. -in: Nerdinger, Winfried; Knopp, Norbert (Hrg.): Festschrift für J.A. Schmoll genannt Eisenwerth zum 90. Geburtstag. München, 2005.

Epstein (1929) Epstein, Hans: Die Metaphysizierung in der literarwissenschaftlichen Begriffsbildung und ihre Folgen. Dargelegt an drei Theorien über das Literaturbarock. Berlin, 1929.

Félibien, Entretiens (1685) Félibien, André: Entretiens sur les vies et les ouvrages des plus excellens peintres anciens et modernes [...] Trevaux, 1685.

Gander (2010) Gander, Hans-Helmut (Hrg.): Husserllexikon. Darmstadt, 2010

Geiger (1925) Geiger, Moritz: Phänomenologische Ästhetik. -in: Zeitschrift für Ästhetik und Allgemeine Kunstwissenschaft. 9/1925. S. 29-42.

Germer (1994) Germer, Stefan (Hrg.): Bellori, Félibien, Passeri, Sandrart. Vies de Poussin. Paris, 1994.

Großklaus (2005) Großklaus, Götz: Medienphilosophie des Raumes. -in: Sandbothe, Mike; Nagl, Ludwig (Hrg.): Systematische Medienphilosophie. Berlin, 2005. S. 3-20.

Haack (1976) Haack, Susan: The justification of deduction. -in: Mind. Bd. LXXXV, Nr. 337. Januar, 1976. S. 112-119.

Held (2007) Held, Jutta; Schneider, Norbert: Grundzüge der Kunstwissenschaft. Gegenstandsbereiche - Institutionen - Problemfelder. Köln, Weimar, Wien, 2007.

Hernand (1971) Hernand, Jost: Literaturwissenschaft und Kunstwissenschaft. Methodische Wechselbeziehungen seit 1900. Stuttgart, 1965/1971.

Husserl (1901/1980) Husserl, Edmund: Logische Untersuchungen. Tübingen, 1980.

Husserl (1907/1973) Husserl, Edmund: Ding und Raum. Vorlesungen 1907. -in: Husserliana. XVI. Den Haag, 1973.

Husserl (1928) Heidegger, Martin (Hrg.): Edmund Husserls Vorlesungen zur Phänomenologie des inneren Zeitbewußtseins. Halle an der Saale, 1928.

Iser (1993) Iser, Wolfgang: Interpretationsperspektiven moderner Kunsttheorie. -in: Henrich, Dieter; Iser, Wolfgang (Hrg.): Theorien der Kunst. Frankfurt am Main, 1993. S. 33-58.

Jaeckle (1968) Jaeckle, Erwin: Der Zürcher Literaturschock. München, 1968.

Kaiser (2000) Kaiser, Gerhard: »... ein männliches, aus tiefer Not gesungenes Kirchenlied ...«: Emil Staiger und der Zürcher Literaturstreit. -in: Mitteilungen des Deutschen Germanisten-Verbandes 47, 2000, Heft 4, S. 382–394.

Kemp (1996) Kemp, Wolfgang: Die Räume der Maler. Zur Bilderzählung seit Giotto. München, 1996.

Klausnitzer (2004) Klausnitzer, Ralf: Literaturwissenschaft. Begriffe - Verfahren - Arbeitstechniken. Köln, 2004.

Kluge (1977) Kluge, Gerhard: Stilgeschichte als Geistesgeschichte. Die Rezeption der Wölfflinschen Grundbegriffe in der deutschen Literaturwissenschaft. -in: Neophilologus, Nr. 61, 1977, S. 575-586.

Kuhn (1979) Kuhn, Rudolf: Komposition und Rhythmus. Berlin, New York, 1979.

Kuhn (1973/1976) Kuhn, Thomas S.: Die Struktur wissenschaftlicher Revolutionen. Frankfurt a.M., 1973/1976.

Kuhn (1977) Kuhn, Thomas S.: Die Entstehung des Neuen. Frankfurt a. M., 1977.

Lamblin (1987) Lamblin, Bernard: Peinture et temps. Paris, 1987.

Liebmann (1979/1994) Liebmann, Michael: Ikonologie. -in: Kaemmerling, Ekkehard (Hrsg.): Ikonografie und Ikonologie. Theorien - Entwicklung - Probleme. Köln, 1979/1994. S. 301-328.

Lotmann (1972) Lotmann, Jurij M.: Die Struktur literarischer Texte. München, 1972.

Merleau-Ponty (1945/1966) Merleau-Ponty, Maurice: Phänomenologie der Wahrnehmung. Frankfurt am Main, 1945/1966.

Métraux (1975) Métraux, Alexandre: Edmund Husserl und Moritz Geiger. -in: Kuhn, Helmut; Avé-Lallemant, Eberhard; Gladiator, Reinhold (Hrg.): Die Münchener Phänomenologie. Den Haag, 1975. S. 139-157.

Pächt (1979/1994) Pächt, Otto: Kritik der Ikonologie. -in: Kaemmerling, Ekkehard (Hrsg.): Ikonografie und Ikonologie. Theorien - Entwicklung - Probleme. Köln, 1979/1994. S. 353-376.

Pieper (1995) Pieper, Hans-Joachim: »Anschauung« als operativer Begriff: eine Untersuchung zur Grundlegung der transzendentalen Phänomenologie Edmund Husserls. Hamburg, 1993.

Pfister (1997) Pfister, Manfred: Das Drama. Theorie und Analyse. München, 1997.

Popper (1931) Popper, Karl: Die Logik der Forschung. Wien, 1931.

Popper (1993) Popper, Karl: Objektive Erkenntnis - ein evolutionärer Entwurf. Hamburg, 1993.

Poser (2001/2009) Poser, Hans: Wissenschaftstheorie. Eine philosophische Einführung. Stuttgart, 2001/2009.

Rickes (2007) Rickes, Joachim: Von Emil Staiger zu Günter Grass. Zur Aktualität der »Kunst der Interpretation«: »Das Treffen in Telgte«. -in: Rickes, Joachim; Ladenthin, Volker; Baum, Michael (Hrg.): Emil Staiger und »Die Kunst der Interpretation« heute. Bern, Berlin, Brüssel u.a., 2007, S. 205-227.

Schmoll gen. Eisenwerth (1985) Schmoll gen. Eisenwerth, J. A.: Stilpluralismus statt Einheitszwang - zur Kritik der Stilepochenkunstgeschichte. -in: Schmoll gen. Eisenwerth, J. A.: Epochengrenzen und Kontinuität. München, 1985.

Sedlmayr (1978) Sedlmayr, Hans: Kunst und Wahrheit. Mittenwald, 1978

Sedlmayr (1978a) Sedlmayr, Hans: Kunstgeschichte als Geistesgeschichte. -in: Sedlmayr, Hans: Kunst und Wahrheit. Mittenwald, 1978, S. 81-95.

Sedlmayr (1978b) Sedlmayr, Hans: Kunstgeschichte als Stilgeschichte. Die Quintessenz der Lehren Riegls. -in: Sedlmayr, Hans: Kunst und Wahrheit. Mittenwald, 1978, S. 32-48.

Seiffert/Radnitzky (1994) Seiffert, Helmut; Radnitzky, Gerard (Hrg.): Handlexikon zur Wissenschaftstheorie. München, 1994.

Sprache im technischen Zeitalter Sprache im technischen Zeitalter, 22, 1967

Staiger (1946/1961) Staiger, Emil: Grundbegriffe der Poetik. Zürich, 1946/1961.

Staiger (1964) Staiger, Emil: Gedenkwort für Strich, Fritz. -in: Jahrbuch der deutschen Akademie für Sprache und Dichtung. Heidelberg, Darmstadt, 1964, S. 169-171.

Staiger (1978) Tasso, Torquato: Werke und Briefe. Übersetzt und eingeleitet von Emil Staiger. München, 1978.

Stegmüller (1975) Stegmüller, Wolfgang: Hauptströmungen der Gegenwartsphilosphie. Eine kritische Einführung. 2 Bände. Stuttgart, 1975.

Strich (1916/1975) Strich, Fritz: Der lyrische Stil des 17. Jahrhunderts. -in: Berend, Eduard; u.a. (Hrg.): Abhandlungen zur deutschen Literaturgeschichte. Franz Muncker zum 60. Geburtstage. München, 1916. S. 21-53. Neudruck in: Barner, Wilfried (Hrg.): Der literarische Barockbegriff. Wege der Forschung, Bd. 358. Darmstadt 1975.

Strich (1922/1949) Strich, Fritz: Deutsche Klassik und Romantik. Bern, 1922/1949.

Strich (1956) Strich, Fritz: Die Übertragung des Barockbegriffs von der bildenden Kunst auf die Dichtung. -in: Stamm, Rudolf (Hrg.): Die Kunstformen des Barockzeitalters. Bern, 1956. S. 243-265.

Ströker (1965/1977) Ströker, Elisabeth: Philosophische Untersuchungen zum Raum. Frankfurt am Main, 1977.

Vossler (1927) Vossler, Karl: Über Vergleichung und Unvergleichbarkeit der Künste. - in: Weixlgärtner, Arpad; Planiscig, Leo (Hrg.): Festschrift Julius von Schlosser. Wien, 1927. S. 25-30.

Vossler (1931) Vossler, Karl: Die Einheit von Raum und Zeit im barocken Drama. -in: Noack, Hermann (Hrg.): Vierter Kongress für Ästhetik und Allgemeine Kunstwissenschaft. Hamburg, 07-09. Oktober 1930. Bericht. -in Zeitschrift für Ästhetik und Allgemeine Kunstwissenschaft. Beiheft. 25/1931. S. 144-152.

Vossler (1935) Vossler, Karl: Über gegenseitige Erhellung der Künste. - in: Festschrift Heinrich Wölfflin. Dresden, 1935. S. 160-167.

Wais (1992) Wais, Kurt: Symbiose der Künste: Forschungsgrundlagen zur Wechselberührung zwischen Dichtung, Bild- und Tonkunst. -in: Weisstein, Ulrich (Hrg.): Literatur und Bildende Kunst: ein Handbuch zur Theorie und Praxis eines komparatistischen Grenzgebietes. Berlin, 1992. S. 34-53.

Walter (2012) Guido Walter: Ray Kurzweil: »Computer werden bald sexy sein«, Hamburger Abendblatt, 07.10.2012. http://www.abendblatt.de/ratgeber/multimedia/article 109673689/Ray-Kurzweil-Computer-werden-bald-sexy-sein. html (Stand August 2015).

Walzel (1914) Walzel, Oskar: Herbart über die dichterische Form. -in: Zeitschrift für Ästhetik und Allgemeine Kunstwissenschaft. Nr. 10/1914.

Walzel (1917) Walzel, Oskar: Wechselseitige Erhellung der Künste. Ein Beitrag zur Würdigung kunstgeschichtlicher Begriffe. Vortrag, gehalten am 3. Januar 1917 in der Berliner Abteilung der Kantgesellschaft. -in: Philosophische Vorträge, veröffentlicht von der Kantgesellschaft. Nr. 15/1917. Berlin, 1917.

Walzel (1923) Walzel, Oskar: Gehalt und Gestalt im Kunstwerk des Dichters. -in: Handbuch der Literaturwissenschaft. Berlin, 1923.

Weisstein (1992) Weisstein, Ulrich: Einleitung. Literatur und bildende Kunst: Geschichte, Systematik, Methoden. -in: Weisstein, Ulrich (Hrg.): Literatur und Bildende Kunst: ein Handbuch zur Theorie und Praxis eines komparatistischen Grenzgebietes. Berlin, 1992. S. 11-31.

Werckmeister (1973) Werckmeister, O.K.: Kurt Badt: Eine Wissenschaftslehre der Kunstgeschichte. Köln, 1971. -in. Kunstchronik. Heft 8, Jg.26, August 1973. S. 266-275.

White (1990) White, Hayden: Die Bedeutung der Form. Erzählstrukturen in der Geschichtsschreibung. Frankfurt am Main, 1990.

Willems (1981) Willems, Gottfried: Das Konzept der literarischen Gattungen. Untersuchungen zur klassischen deutschen Gattungstheorie, insbesondere zur Ästhetik F. Th. Vischers. Tübingen, 1981.

Wölfflin (1886) Wölfflin, Heinrich: Prolegomena zu einer Psychologie der Architektur. München, 1886.

Wölfflin (1888/1926) Wölfflin, Heinrich: Renaissance und Barock. München, 1888/1926.

Wölfflin (1915/1948) Wölfflin, Heinrich: Kunstgeschichtliche Grundbegriffe. Basel, Stuttgart, 1915/1948.

Wölfflin (1920) Wölfflin, Heinrich: Die Kunst Albrecht Dürers. München, 1920.

Wölfflin (1924) Wölfflin, Heinrich: Italien und das deutsche Formgefühl. Vortrag 1922, Programmschrift zum Vortragszyklus »Deutsche Dome« im Schauspielhaus. Düsseldorf, 1924.

Wölfflin (1930) Wölfflin, Heinrich: Zur allgemeinen Charakteristik von Gessners Kunst. -in: Lesezirkel Hottingen (Hrg.): Salomon Gessner, 1730-1930. Gedenkbuch zum 200. Geburtstag. Zürich, 1930. S. 117-125.

Wölfflin (1931) Wölfflin, Heinrich: Italien und das deutsche Formgefühl. München, 1931.

Anhang

Nachstehend eine Übersicht über mögliche Ansatzpunkte narratologischer Analysen:

Initiale Verinnerlichung

Subjektdisposition   »Tagesform« der Reflektierenden, Ansprüche
und Erwartungen an Werk und Werkreflexion, strukturierte Formulierung von Fragestellungen, Begründung der Untersuchungsanliegen; in der Folge Vergleich mit erarbeiteten Resultaten

Ansprache   »punctum«: etwas von der Realität abgebildeter Bildgegenstände transfiguriert aus dem Produktivbestand in Richtung
Reflexivität; »studium«: Produktivität stellt ohne Transfiguration
der Realität des Abgebildeten dar

Bildzauber   Eindruck übernatürlicher Wirkkraft, Eindruck einer
Kohärenz von Gestaltungsinhalt und Gestaltungsweise, die rituell-
magische Verwendbarkeit erbringt, oder kein Bildzauber: Ästhetik
zum Selbstzweck in autonomer, zweckfreier Rolle

Vermeintliche Ikonizität   Abbild - Gebilde, keine differenzierte Ikonizitätsbeurteilung, sondern Schilderung vorreflexiver Eindrücke

Vermeintliche Realitätsgrade   Abbild der Realität - Scheinbild - Illusion - Sphäre der Scheinwirklichkeit; wie real erscheint Gehalt in
seiner Produktivität?

Vermeintliche Realitätsbereiche   Empirie - Empirie im akausalen
Gefüge - Erzeugen von Formen - Symbole - Vorstellungsbilder; auf
welche Vorstellungswelt / Gehalt bezieht sich die Produktivität?

Affektive Befindlichkeit   Ziel wäre eine Bewertung vorreflexiver
Befindlichkeit, die sich im ersten Kontakt mit Produktivität ergeben;
die Formulierung kann u.a. unterscheiden: abstoßendes Werk: Ekel,

Schock, Seelenstimmung, anziehendes Werk: Zuneigung, Faszination, positive Konnotationen, beglückende Wirkung, Seelenstimmung; melancholischer oder belustigender Charakter

Bestandsaufnahme Grobschilderung des Dargestellten, inhaltliche Erstbeschreibung, wertungsfrei, deutungsfrei, als sukzessive Bestandsaufnahme, Vergewisserung und Voraussetzungen für die analytische Reflexion

Gattungsfragen Gemälde, Fotografie, Druckgrafik, Zeichnung, Skulptur, Architektur; sodann Teilgattungen, z.B. Bildgattung: Vedute, Landschaft, Marinebild, Genrebild, Kriegsbild, Interieur, Portraits, Gruppenbild, Heiligenbild, Historie, Architektur, Exterieur

Produktivaspekte Größe, Form, Farbe, Denotation; kurze Charakterisierung und Begründung für den evtl. Ausschluss bestimmter Produktivaspekte in der Reflexion

Form

Formbeschaffenheit Übergreifende Gesamtformen, Form isoliert im Raum, Form, Umform, Form zum Selbstzweck, Formoberflächenstruktur, Formbinnenstrukturierung, Abgrenzung von Umform und Farbform, Formstilistik, Negativform

Formausdrucksqualität Angemessenheit, Proportionierung, Produktivwirkung

Formkontrastbildungen Umform, Form-Farbe-Verhältnis, Formsimultaneität, räumliche Formevidenz, Farb- und Formrhythmusmodifikationen, Formtonigkeit, -tonalität, -gleichklang

Sehformen linear, malerisch, flächenhaft, tiefenhaft, offen, geschlossen, tektonischer, atektonischen Bildaufbau, vielheitliche, einheitliche Komposition, klare, unklare Formverwendung

Farbe

Farbbeschaffenheit Farbton, -helligkeit, -intensität, Changieren, Brechung, Höhung mit Farben, Buntfarbton, Farbsättigung, Farbsubstantialität und -opazität

Farbwirkung zur Form vereinbar, unvereinbar mit Form, rhythmisierende Formkonstitution, Farbzäsuren, Farb- und Formrhythmusmodifikationen

Farbkomposition Farbe in der Formgebung und -gliederung, Farbtonigkeit und -tonalität, Farbgleichklang

Farbkontrastbildungen zu anderen Farben Gegenfarb-, Intensitäts- und Helligkeitskontraste, Kontrastüberhöhung und -polarisierung, Umtöne, Dissonanzen

Farbraumkonstitution Kolorismus, Luminarismus, Chromatismus, subtraktive, additive Farbmischung

Wirklichkeitsbezug Lokalfarbe, Erscheinungsfarbe, Symbolfarbe, suggestive Ausdruckfarbe, Farbautonomie, Verhältnis Eigen- und Fremdlichtanteile an Farben

Strukturbildungen

Komposition und Rhythmus Disposition, Format, Aufteilung und Proportionierung des Gegenstands, Verhältnissetzungen proportionaler, aproportionaler Disposition, Dispositionsachsen und Kompositionslinien, Bewegungslinien, figürliche Blickachsen, Figurausgriffe, -perspektivierungen mit Orts- und Objektkonkretisationen sowie der Konventionalisierung von Kompositionsprinzipien in Symmetrie, Asymmetrie, Strangbildung, Verdichtung, Reihung, Häufung, Schemata, geometrische Figuren

Räumlichkeit   Linearperspektive, Zentralperspektive, Parallelperspektive, Bildgründe, Ebenenschichtung, Diaphanie und Opazität, bildflächenparallele Aktionsräume, Reliefbildung, Farb- und Luftperspektive, generell: Flächigkeit und Raumillusion, Raumveränderung, Raummaße für Bewegung, Raumkompartimentierung, Raumordination und -subordination, Raumeinbezug der Betrachtung, Handlungsräume der Betrachtung

Körperlichkeit   Modellierung, Modulierung, Einbindung des Körpers in Raum und Bildfläche, Stift- und Pinselduktus, Verhältnis Körper-Masse, Körperschatten und Schlagschatten, Schaffierung, Proportionierung, figurale, auktoriale und rezipientenspezifische Leiblichkeit

Lichtgestaltung   Standort-, Beleuchtungs- und Sendelicht, Richtung des Lichtes, Divergenz und Miteinander unterschiedlicher Lichtquellen und ihrer Qualitäten, Qualität des Lichtes als Sende- oder Beleuchtungslicht, Innerbildlichkeit und Außerbildlichkeit von Standort- zu Fremd- bzw. Eigenlicht, Funktion außerhalb und innerhalb des Bildes, Licht aus Farbe z.B. in Goldgründen, Farbhintergründen oder Farbumgründen

Narrativität

Chronotopologie   Rückwendungen, Vorausdeutungen, Wiederholungen, Kontinuität oder Diskontinuität, Zeitraffung oder -dehnung, Geschehnisabfolge im Vergleich zur Erzählfolge

Engagement fiktiver Leibsubjekte   Leibliches Verhalten zur Welt, in Seinsweisen: als gestimmter Leib, als handelnder Leib und als Zentrum der Weltwahrnehmung, damit im gestimmten Raum, im Aktionsraum und im Anschauungsraum

Narrative Instanzen   Personale Sichtweisen auf Umgebung Strukturen des Engagements fiktiver Leibsubjekte als Verhalten zur Welt, in Seinsweisen: als gestimmter Leib, als handelnder Leib und als

Zentrum der Weltwahrnehmung, damit im gestimmten Raum, im Aktionsraum und im Anschauungsraum

Perspektivenbildung Figurale Raum-Zeit-Perspektivierung und -konkretisation, Schauplatzextrinsik und -intrinsik, Fiktionalität und Fiktivierung, narrative Kommunikationssysteme

Figuren Figurcharakterisierung, Figurkonzeption in Individualisierung, Stilisierung, Typisierung, Haupt- und Nebenfiguren, Aktandenmodell, implizite Figuren

Plotstruktur Realisierung der Plotstruktur in Ablaufmodalitäten, Folge- und Sukzessionsbewusstsein, Plotlokalisation, Folgerichtigkeit des Bildaufbaus, Qualifikation von Veränderungsphänomenen und ihren Exteriorisierungen

Narrative Gattungen Konstitution von Raumding und Zeitobjekt im zeitkonstituierenden Bewusstsein (Präsentation, Impressionen, Retentionen, Protentionen, sekundären Erinnerungen, Antizipationen), Lyrifizierung, Episierung, Dramatisierung, Brechungen chronotopologischer und gattungsspezifischer Erwartungshorizonte

Text-Bild-Vergleiche Elementar-strukturelle Vergleiche mit literaturwissenschaftlichen Analysen möglicher Kontexte oder Prätexte, Intertextualität, Referenztextidentifikation

Wie erzählt ...? Narratologische Paradigmen: Terminologie, Interpretationsbeispiele, Feldforschung

Narratologie erforscht Erzählungen. Aber thematische Zusammenfassungen der Erzählinhalte *ver*schließen narrative Kunstwerke, statt sie zu *er*schließen. Bildnerische Produktivität *ent*faltet sich im Prozess der Werkrezeption, entgegen sprachlichen *Ein*grenzungen des Interpretationsproduktes. Sinn des Erzählens, Sinn einer Erzählung, ist deren anschauliche Konfiguration, v.a. in der Kunst. Sprachliche Reformulierungsprozesse entwickeln sich z.B. anhand von Farbe, Form, Materialität. Ziel einer werkgerechten Narratologie sollte daher die Beschreibung situativer Veränderungen am Werk sein. Die Reihe »Wie erzählt ...?« liefert dazu Paradigmen. In monografischer Form werden kunstwissenschaftliche Studien und eine kontextbedingte Werkauswahl vorgestellt und bildkünstlerische Erzählprozesse an Einzelbeschreibungen detailliert: Terminologiebildung und -prüfung, Interpretationsbeispiele, Feldforschung.
Wissenschaftstheoretischer Hintergrund, im ersten Band: »Wechselseitige Erhellung der Künste« (Walzel) als Strukturvergleich mit Begriffsweisen der Literaturwissenschaft, sodann die Etablierung intersubjektiver Vergleichbarkeit durch detaillierte empirische Überprüfbarkeit (Popper, Kuhn). Intersubjektivität in der Analyse der Primärquellen - den Kunstwerken - überwindet die Vorstellung einer pseudoobjektiven »Kunstgeschichte als Quellen- oder Zitatgeschichte«, in der v.a. ein schriftlich tradierter Surplus Werkbedeutung generiert. In einer deskriptiven Wissenschaftstheorie lässt sich die »Wechselseitige Erhellung der Künste« als wissenschaftlicher Fortschritt durch Erweiterung strukturierter Theoriekerne durch neue empirische Anwendungen identifizieren (Kuhn, Stegmüller).
Die Ausstattung der Reihe beinhaltet: Elementaranalysen zu Form und Farbe - Strukturanalysen z.B. zu Komposition, Rhythmus, Körperlichkeit, Leiblichkeit, Raumphänomenologie, Lichtgestaltung - narratologische Analysen zur Perspektivenbildung, Fiktivierung, Kommunikationssysteme, Figurkonzeption und -charakterisierung, Aktandenmodell, Zeitlichkeit.

Bisher erschienene Titel

Kl. 8° / 8°, ab ca. 50 Seiten, ab 11,90 € / 17,90 CHF

Bd. 1:	Paradigmen der Narratologie
Bd. 2:	Wie erzählt eine eingetütete Kordel? Narrativität bei Marc Erismann
Bd. 3:	Wie erzählt feuriges Chromoxidgrün an opak gehöhtem Inkarnat? Lyrisch-expressive Erzählweisen bei Andrea Hano

Werner Brück: Wie erzählt Poussin? Proben zur Anwendbarkeit poetologischer Begriffe aus Literatur- und Theaterwissenschaft auf Werke der bildenden Kunst. Versuch einer »Wechselseitigen Erhellung der Künste«. Saarbrücken, Norderstedt, 2014

Lex. 8°, 376 Seiten, 69,00 € / 89,00 CHF, ISBN 978-3735778772

Wie erzählt bildkünstlerische Gestaltung? Immer neu gestellt, wird diese Frage subversiv. Kann man Begriffe aus Literatur- und Theaterwissenschaft auf bildkünstlerische Erzählung anwenden? Dargestellte Handlung resultiert aus Darstellungshandlung: literarisches Sprachhandeln, bildkünstlerisches Gestaltungshandeln. Nur die Analyse der Farb- und Formverwendung (Malerei) bzw. sprachlicher Äußerung (Literatur) wird der Inkommensurabiltät der Zeichensysteme und dem Sinn künstlerischen Erzählens gerecht (White). Wissenschaftstheoretisches Ziel ist eine »Wechselseitige Erhellung der Künste« (Walzel), auch als neues Einverständnis über relevante Fragestellungen und Methoden (Kuhn), in kritisch-rationalistischer Prüfung am Werk (Popper), die Subjektivität zur intersubjektiven Diskussion stellt. Der Autor folgt Aristoteles, Edmund Husserl, Kurt Badt u.a. In Reformulierung literarisch (Corneille) und bildkünstlerisch (Poussin) geschaffener Raumzeitlichkeit als Konstituenten narrativer Situativität werden Begriffe zur Analyse bildnerischer Produktivität vorgestellt. So lassen sich narrative Strukturbildungen in der Malerei Poussins auf die Gestaltung mit Farbe und Form beziehen, was in zwölf Analysebeispielen erfolgt.